文史哲學集成

二四〇六

詹秀惠著

蕭子顯及其文學批評

文史哲出版社印行

國立中央圖書館出版品預行編目資料

蕭子顯及其文學批評 / 詹秀惠著. -- 初版. --
臺北市 : 文史哲, 民83
面 ; 公分. -- (文史哲學集成 ; 306)
參考書目:面
ISBN 957-547-842-8(平裝)

1.（南北朝）蕭子顯 - 學術思想 - 中國文學

829.35 83000179

文史哲學集成 ㉛⓪⑥

蕭子顯及其文學批評

著者：詹秀惠
出版者：文史哲出版社
登記證字號：行政院新聞局局版臺業字五三三七號
發行人：彭正雄
發行所：文史哲出版社
印刷者：文史哲出版社
台北市羅斯福路一段七十二巷四號
郵撥〇五一二八八一二彭正雄帳戶
電話：三五一一〇二八

實價新台幣三八〇元

中華民國八十三年十一月初版

ISBN 957-547-842-8

蕭子顯及其文學批評目錄

第一章　蕭子顯的時代

第一節　政治背景

一、蒼梧暴虐，齊高篡宋

齊太祖高皇帝蕭道成，字紹伯，小諱鬭將。出身寒素，頗爲早秀。宋文帝元嘉十九年（西元四四二年），竟陵蠻動，宋文帝遣年僅十六歲的蕭道成，領偏軍討沔北蠻。宋孝武帝，起爲武烈將軍、建康令。前廢帝子業景和元年，除後軍將軍。宋明帝立，爲右軍將軍。時四方反叛，明帝加蕭道成輔國將軍，率衆東討，屢建軍功。淮南孤弱，以蕭道成爲冠軍將軍，鎮淮陰。（註一）

南齊書卷一、南史卷四齊高帝紀，載錄明帝以蕭道成非人臣相，懷有疑慮，而明帝誅滅諸弟，引發蕭道成代宋之志，南齊書說：

明帝常嫌太祖非人臣相，而民間流言，云「蕭道成當爲天子」，明帝愈以爲疑，……七年，徵還京師，部下勸勿就徵，太祖曰：「諸卿闇於見事。主上自誅諸弟，爲太子稚弱，作萬歲後計，何關佗族。惟應速發，事緩必見疑。今骨肉相害，自非靈長之運，禍難將興，方與卿等戮力耳。

明帝崩，後廢帝蒼梧王昱立，改元元徽，遺詔以蕭道成爲右衛將軍，領衛尉，與尚書令袁粲、護軍褚淵、領軍劉勔共掌機事。

元徽二年（西元四七四年），江州刺史桂陽王休範起兵，蕭道成率衆將敉平之，名望轉隆，乘勢掌權。蕭道成與劉秉、褚淵、袁粲等四人號爲「四貴」，更日入直決事。

休範平後，蒼梧王漸行兇暴。蕭道成威名既重，蒼梧王深相猜忌，幾加大禍。蕭道成密謀廢立。元徽五年（西元四七七年），蒼梧王殺害無常，人懷危懼，楊玉夫與其黨陳奉伯等二十五人同謀，於氈屋中弒帝，王敬則傳首於蕭道成。

立安成王準，改元昇明，是爲順帝。

昇明元年（西元四七七年），沈攸之反，劉秉、袁粲應之，蕭道成督軍殲滅。昇明三年（西元四七九年），順帝禪位，齊興宋亡。

宋齊革易之際，宋書卷十順帝紀，南齊書卷一、南史卷四齊高帝紀，魏書島夷蕭道成傳等史書，均未見篡奪之跡。南史卷三順帝紀說：

辛卯，帝禪位於齊。壬辰，遜於東邸。是日，王敬則以兵陳于殿庭，帝猶居內，聞之，逃于佛蓋下。太后懼，自帥閹豎索，扶幸板輿。……封帝爲汝陰王，居丹徒宮，齊兵衛之。建元元年

五月己未，帝聞外有馳馬者，懼亂作，監人殺王而以疾赴，……宋之王侯無少長皆幽死矣。（註三）

由上可知，蕭道成不僅殺劉年僅十三歲的宋順帝，更殲滅他的家族。蕭子顯是蕭道成之孫，執筆寫作南齊書，在這種政治背景下，是相當難以措辭的。在南齊書高帝紀中，見不到篡奪的史跡，然而細審南齊書的列傳，卻很明確的可以發現蕭子顯正直的史筆，茲列舉數則如下：

其一、南齊書卷二十五張敬兒傳，蕭子顯客觀的將沈攸之與蕭道成書及蕭道成答沈攸之書二文，載入傳中。沈攸之書曰：

……足下交結左右，親行殺逆，……乃復慮以家危，啗以爵賞，小人無狀，遂行弒害。吾雖寡識，竊求古比，豈有爲臣而有近日事邪？使一旦荼毒，身首分離，生自可恨，死者何罪？且有登齋之賞，此科出於何文？凡在臣隸，誰不惋駭。華夷扣心，行路泣血。乃至不殯，使流蟲在户，自古以來，此例有幾？……足下與向之殺者何異？……卿常言比跡夷、叔，如何一旦行過桀、跖邪？……而卿大收宮妓，劫奪天藏，器械金寶，必充私室，移易朝舊，布置私黨，被甲入殿，内外宮閤管籥，悉關家人。（註四）

上引沈攸之書對蕭道成批判的言詞，非常尖刻，足以彰顯蕭道成的不忠不義，凶殘、貪濁。雖然蕭道成答沈攸之之書，可爲自己做某部份的辯解，然而史實俱在，也無法完全洗脫他的罪名。

其二、卷四十武十七王傳記載，齊明帝派遣茹法亮殺巴陵王子倫，子倫稱「先朝昔滅劉氏，今日之事，理數固然。」巴陵王傳說：

延興元年，遣中書舍人茹法亮殺子倫，子倫正衣冠出受詔，曰：「鳥之將死，其鳴也哀；人之將死，其言也善。先朝昔滅劉氏，今日之事，理數固然。君是身家舊人，今銜此使，當由事不獲已。」法亮不敢答而退。年十六。（註五）

其三、卷五十二王智深傳稱劉宋末年起兵反叛蕭道成，而被討殺的袁粲爲宋家忠臣，說：

世祖使太子家令沈約撰宋書，擬立袁粲傳；以審世祖。世祖曰：「袁粲自是宋家忠臣。」（註六）

就上可知，稱讚袁粲爲宋家忠臣的，是蕭道成之子齊武帝蕭賾。

其四、南齊書卷五十三良政裴昭明傳，記載裴昭明的從祖弟裴顗，少有異操，清廉正直。齊高帝受禪，上表誹謗，掛冠而去，伏誅。（註七）裴顗誹謗的是蕭子顯的祖父蕭道成，而且還被蕭道成殺害，蕭子顯竟然不怕後代斥責他祖父的殘暴，而將史實坦露，且將裴顗載入爲廉吏立傳的良政傳中，足見蕭子顯史筆的公正。

綜觀上述，蕭道成篡宋，是應宋末暴虐之君而起，爲這以武功起家的寒門，創建尊貴的帝業。蕭子顯生在帝王家族，在這特優的環境中，蘊育蕭子顯驕貴的體性。

【附註】

註一　齊高帝事蹟，主要見南齊書卷一、卷二、南史卷四齊高帝紀，魏書島夷蕭道成傳。凡下引高帝事蹟皆同。

註二　新校本南齊書頁六七（國史研究室）。凡本論文所引南齊書詞句均根據此本，下文不復加注。

註三　新校本南史頁九二、九三（鼎文書局）

註四　新校本南齊書頁四六七、四六八。

註五　同上頁七一二。

註六　同上頁八九六。

註七　同上頁九二〇。

二、武帝失旨，齊高帝擬以豫章王蕭嶷代嫡

南齊書卷二十二豫章文獻王傳說：

> 建元中，世祖以事失旨，太祖頗有代嫡之意，而嶷事世祖恭悌盡禮，未嘗違忤顏色，故世祖友愛亦深。（註一）

南史卷四十二豫章文獻王傳，與上文詞句大同小異，唯「世祖」作「武帝」而已。

蕭子顯為他的大伯父齊武帝避諱，未曾說明武帝為太子時，為何「以事失旨」。但由其他列傳中

可見武帝不法情事如：南齊書卷二十七王玄載傳敘述王玄載堂弟謨子瞻，素輕武帝，曾對豫章王說：「帳中物亦復隨人寢興」。其後諧闕跪拜不如儀，武帝藉此殺之，僅遣左右口啓太祖而已。（註二）北齊魏收魏書卷九十八島夷蕭道成傳說：

賾初爲太子時，特奢侈，道成每欲廢之，賴王敬則和諧。賾性貪惏，常謂人曰：「唯崔慧景知我貧。」賾嘗至其益州刺史劉悛宅晝臥，覺，悛自捧金澡盤面廣三尺，愛姬執金澡灌受四升，以充沃盥，因以奉獻。賾納之。其好利若此。賾遊獵無度，其殿中將軍邯鄲超上表諫，賾殺之。（註三）

由上文可知，武帝爲太子時，貪濁兇殘，諸多不法。齊高帝數度欲廢太子，以第二子豫章王蕭嶷嫡。

南齊書蕭嶷傳中，蕭子顯似乎有意掩飾武帝與蕭嶷間，因代嫡事所造成的嫌隙，特別載錄許多武帝優寵友愛蕭嶷的事蹟，如傳中說：

五年，進位大司馬。八年，給阜輪車。尋加中書監，……上數幸嶷第。宋長寧陵隧道出第前路，上曰：「我便是入他冢墓内尋人。」……永明末，車駕數游幸，唯嶷陪從，……每幸第清除，不復屏人。上敕外監曰：「我往大司馬第，是還家耳。」……其年疾篤，表解職，不許，賜錢百萬營功德……其日，上再視疾，至薨，乃還宮。……世祖哀痛特至，至冬乃舉樂宴朝臣，上歔欷流涕。（註四）

然而在南齊書卷四十八劉繪傳中，記載蕭嶷最親近的僚佐劉繪，因豫章王與文惠太子年秩不同，宮、府有疑，爲避開政治糾紛，而苦求外放。（註五）

南史蕭嶷傳，載錄蕭嶷薨後，顯靈於沈文季，稱自己爲文惠太子所害，說：

嶷薨後，忽見形於沈文季曰：「我未應便死，皇太子加膏中十一種藥，使我癰不差，湯中復加藥一種，使利不斷。吾已訴先帝，先帝許還東邸，當判此事。」因胸中出青紙文書示文季曰：「與卿少舊，因卿呈上。」俄失所在。文季祕而不傳，甚懼此事，少時太子薨。（註六）

上引南史蕭嶷顯靈，自述被害的故事，雖然虛誕難信，可是蕭嶷與文惠太子叔侄之間，存有嫌隙，蕭嶷非善終的說法，恐怕已是南齊朝野共相傳述的公案。

大概就是這個因素，蕭嶷的堂弟齊明帝蕭鸞，弒害武帝之孫鬱林王，奪取武帝天下後，大肆殺害齊高帝及武帝子孫，然而卻保全同屬齊高帝子孫的蕭嶷一家，恐怕在齊明帝的心中，已經因爲蕭嶷與文惠太子有隙或被害，而不認爲蕭嶷的子孫會爲武帝一朝效命、復仇等，故不足爲慮。

【附註】

註　一　新校本南齊書頁四〇九（國史研究室）。

註　二　同上，頁五〇九、五一〇。

註　三　新校本魏書頁二二六四（鼎文書局）

註四　同註一，頁四一四、四一五。

註五　同註一，頁八四一。

註六　新校本南史頁一〇六七（鼎文書局）

三、齊明篡曆、梁武代齊

齊高宗明帝蕭鸞，字景栖，小諱玄度，爲齊高帝蕭道成次兄，始安貞王道生之子，豫章王蕭嶷之堂弟，蕭子顯之堂叔。少孤，由蕭道成撫育，恩過諸子。（註一）

永明十一年（西元四九三年），齊武帝崩，孫昭業立，改元隆昌，是爲鬱林王。遺詔以竟陵王蕭子良輔政，西昌侯蕭鸞知尚書事。蕭子良不樂世務，故私改遺詔，推於蕭鸞輔政。南齊書卷四十蕭子良傳說：

遺詔使子良輔政，高宗知尚書事。子良素仁厚，不樂世務，乃推高宗。詔云：「事無大小，悉與鸞參懷。」子良所志也。（註二）

鬱林王以蕭鸞爲尚書令，權柄旁落，鬱林王矯情隱飾，奢華淫亂，隆昌元年（西元四九四年），被廢弒。（註三）蕭鸞立文惠太子第二子昭文，改元延興，以蕭鸞爲太傅。延興元年，蕭鸞廢昭文爲海陵王，旋弒之。（註四）蕭鸞篡曆，改元建武，是爲明帝。

蕭鸞輔政時及纂立後，陸續大肆誅殺齊高帝、武帝子孫。南齊書卷三十五高祖十二王傳中，除臨川獻王映、武陵昭王曄、安成恭王暠、始興簡王鑑等四人早薨外，長沙王晃、鄱陽王鏘、桂陽王鑠、江夏王鋒、南平王銳、宜都王鏗、晉熙王銶、河東王鉉等均遇害。又卷四十武十七王傳，除竟陵王子良薨於隆昌元年，魚復侯子響於永明七年，因罪被其父武帝賜死外，廬陵王子卿、安陸王子敬、晉安王子懋、隨郡王子隆、建安王子眞、西陽王子明、南海王子罕、巴陵王子倫、邵陵王子貞、臨賀王子岳、西陽王子文、衡陽王子峻、南康王子琳、湘東王子建、南郡王子夏等十五人皆被殺。又卷五十文二王傳，文惠太子之子巴陵王昭秀、桂陽王昭粲也於永泰元年見殺。

南齊書卷二十六陳顯達傳記載，建武中，明帝欲悉除高、武諸孫，陳顯達勸諫說：「此等豈足介慮」明帝乃止（註五），是故，武十七王中，十四歲以下至七歲間的七王，永泰元年（西元四九八年）才被殺。南齊書卷四十臨賀王子岳傳說：

高宗誅世祖諸子，唯子岳及弟六人在後，世呼爲七王，朔望入朝，上還後宮，輒嘆息曰：「我及司徒諸兒子皆不長，高、武子孫日長大。」永泰元年，上疾甚，絕而復蘇。於是誅子岳等。延興建〔武〕中，凡三誅諸王，每一行事，高宗輒先燒香火，嗚咽涕泣，眾以此輒知其夜當相殺戮也。子岳死時，年十四。（註六）

按：「司徒」，指齊明帝蕭鸞之弟安陸昭王緬，永明九年（西元四九一年）卒，明帝即位，建武元年（西元四九四年），贈侍中、司徒、安陸王。明帝與之少相友愛。事蹟見南齊書卷四十五宗室傳。

南齊書卷四十五蕭遙光傳又說：

> 遙光……常乘輿自望賢門入。每與上久清閑，言畢，上索香火，明日必有所誅殺。上以親近單少，憎忌高、武子孫，欲並誅之，遙光計畫參議，當以次施行。……，河東王鉉等七王一夕見殺，遙光意也。（註七）

由上述可知，齊明帝以「親近單少」，「支庶纂曆」，「枝胤孤弱」（註八），而高、武子孫盛多且皆長大，因此爲顧全他的宗國，即使流涕行誅（註九），也要將高、武子孫殲滅殆盡。而齊高帝第二子蕭嶷的子孫眾多，子嗣十七人，除長子子廉早卒外，其他十六人都安然入梁。梁書卷三十五、南史卷四十二蕭子恪傳曾載錄唯一的一次危機，梁書說：

> 建武中，遷輔國將軍、吳郡太守。大司馬王敬則於會稽舉兵反，以奉子恪爲名，明帝悉召子恪兄弟親從七十餘人入西省，至夜當害之。會子恪棄郡奔歸，是日亦至，明帝乃止。（註一〇）

南史記載大同小異。

永泰元年，明帝崩，子寶卷立，改元永元，是爲東昏侯。東昏兇殘無道，昏庸淫亂，戮殺雍州刺使蕭衍之兄蕭懿，蕭衍起兵，東昏被弑（註一一），立其弟寶融，改元中興，是爲和帝。中興二年（西元五〇二年），蕭衍爲相國、梁王，廢帝爲巴陵王，不久弑之。（註一二）

蕭衍代齊篡立，改元天監，是爲梁武帝。

蕭衍輔政期間，誅殺明帝子孫，如鄱陽王寶夤、邵陵王寶攸、晉熙王寶嵩、桂陽王寶貞等四人皆見害。然而對於蕭嶷一家，並未加害，且相當禮遇。

梁武受禪，拜表勸進的領銜官員，便是蕭嶷的長子子廉之子豫章王元琳，（註一三）梁書卷三十五、南史卷四十二蕭子恪傳曾載錄梁武帝登基之後，安撫蕭子恪一家的話語，梁書說：

子恪與弟子範等，嘗因事入謝，高祖在文德殿引見之，從容謂曰：「我欲與卿兄弟有言，夫天下之寶，本是公器，非可力得。苟無期運，雖有項籍之力，終亦敗亡。所以班彪王命論云：『所求不過一金，然終轉死溝壑』。卿不應不讀此書。……，我初平建康城，朝廷內外皆勸我云：『時代革異，物心須一，宜行處分。』我于時依此而行，誰謂不可！我政言江左以來，代謝必相誅戮，此是傷於和氣，所以國祚例不靈長。所謂『殷鑒不遠，在夏后之世』。此是一義。二者，齊梁雖曰革代，義異往時。我與卿兄弟雖復絕服二世，宗屬未遠。……我與卿兄弟，便是情同一家，豈當都不念此，作行路事。此是二義。……。且建武屠滅卿門，致卿兄弟塗炭。我起義兵，非惟自雪門恥，亦是爲卿兄弟報仇。……，我今爲卿報仇，且時代革異，望卿兄弟盡節報我耳。且我自藉喪亂，代明帝家天下耳，不取卿家天下。……卿是宗室，情義異佗，方坦然相期，卿無復懷自外之意。小待，自當知我寸心。」又文獻王時，內齋直帳閣入趙叔祖，……高祖（對叔祖）曰：「若見北第諸郎，道我此意：我今日雖是革代，情同一家；但今磐石未立，所以未得用諸郎者，非惟在我未宜，亦是欲使諸郎得安耳。但閉門高枕，後自當見我心。」叔祖即出外具宣敕語。（註一四）

上文梁武帝自述，不誅戮蕭子恪的理由，其中最重要的還是齊、梁本同宗，而梁武帝是取明帝天下，非取蕭子恪家天下，反而是爲蕭子恪家復仇，既已革異，蕭子恪家人應報效梁武帝。

蕭道成創立帝國後，僅十五年，便被他的侄兒蕭鸞所篡。再經九年，又爲同宗的侄子蕭衍所取代。這種特殊的政治背景下，高帝、武帝、明帝子孫，幾乎被除盡，唯獨蕭嶷一家獲全，而且顯達於梁世。此爲蕭子顯以亡國者的身份，竟然能執起祖國史筆的重要導因。

【附註】

註一　參閱南齊書卷六，明帝紀及卷四十五始安貞王傳。又南史卷五齊明帝紀、卷四十一始安貞王傳。

註二　新校本南齊書頁七〇〇（國史研究室）。

註三　參閱南齊書卷四、南史卷五齊鬱林王本紀。

註四　參閱南齊書卷四、南史卷五齊海陵王本紀。

註五　同註二，頁四九一。

註六　同註二，頁七一三。

註七　同註二，頁七八九。

註八　「支庶纂曆」、「枝胤孤弱」二句爲南齊書卷六齊明帝紀論。見頁九二。（同註二）

註九　同上。

註一〇　梁書，頁五〇七（鼎文書局）下引梁書皆同。
註一一　參閱南齊書卷七、東昏侯本紀，南史卷五齊廢帝東昏侯紀。
註一二　參閱南齊書卷八和帝本紀，南史卷五齊和帝本紀。
註一三　梁書卷一，頁二九。
註一四　梁書卷三十五，頁五〇七、五〇八、五〇九。

四、南北分裂，屢和屢戰

北魏，或稱後魏、托跋魏（拓跋魏）、元魏，屬匈奴種鮮卑族。晉安帝，隆安元年（西元三九七年），立國於并州，國號魏。（註一）傳至太武帝托跋燾，太延四年（西元四三九年），滅北涼，江北一統，時當劉宋文帝元嘉十六年。

南北形成兩個對立的政治實體，南方稱北方爲索爲胡爲虜，北方稱南方爲島夷爲南蠻；各以己國爲正統，他國爲僞爲僭。當國勢富強，政局安定時，便率軍北伐或南侵，力求完成統一大業；當國勢衰弱，政局動亂時，便遣使奔馳於南北，議和通好，稱朝貢或來聘。

蕭子顯的曾祖父蕭承之與祖父蕭道成，在劉宋時代，都是防守邊疆，對抗北魏的戰將。劉宋末年，遣使議和，首開南北交往之先。

南齊書卷五十七魏虜傳記載：「宋明帝末年，始與虜和好，元徽昇明之世，虜使歲通。」（註二）按：「元徽」，爲宋後廢帝蒼梧王年號，共五年（西元四七三至四七七年）。「昇明」爲宋順帝年號，共三年（西元四七七至四七九年）。元徽、昇明世，輔政者爲蕭道成。

蕭道成篡宋，在革易之際，北魏趁南齊政局不穩，於建元元年（西元四七九年），大舉南侵，建元二年（西元四八〇年），蕭道成遣軍北討，擊退魏軍。南齊書魏虜傳說：

> 建元元年，僞太和年三年也。宏聞太祖受禪，其冬，發衆遣丹陽王劉昶爲太師，寇司、豫二州。明年，詔遣衆軍北討。（註三）

南齊書卷二十八劉善明傳載錄善明上書以爲「革命惟始，天地大慶，宜時擇才辨，北使匈奴」，又以爲「交州險夐，要荒之表，宋末政苛，遂至怨叛。今大化創始，宜懷以恩德，未應遠勞將士，搖動邊氓。且彼土所出，唯有珠寶，實非聖朝所須之急。討伐之事，謂宜且停。」（註四）由於天下草創，蕭道成未暇遣人北使。建元三年（西元四八一年），領軍將軍李安民左軍將軍孫文顯與虜軍戰於淮陽，大敗魏軍（註五）。蕭道成未遑外略，以魏軍既破，欲示以威懷，遣後軍參軍車僧朗北使。（註六）

建元四年（西元四八二年），蕭道成崩，其子齊武帝蕭賾立，改元永明，繼承其父既定政策，永明十一年間（西元四八三至四九三年）多次遣使北顧。南齊書卷五十七魏虜傳說：

> 永明元年冬，遣驍騎將軍劉纘、前軍將軍張謨使虜。明年冬，虜使李道固報聘，世祖於玄湖水

步軍講武，登龍舟引見之。自此歲使往來，疆場無事。（註七）

又永明七年，遣使邢產、侯靈紹復通好。永明九年，遣使李道固、蔣少游報使。永明十年，上遣司徒參軍蕭琛、范雲北使。（註八）

北齊魏收魏書卷九十八島夷蕭道成傳也記載，永明年間蕭賾多次遣使朝貢。（註九）

齊明帝蕭鸞篡曆，建武年間邊患又起，「建武初運，獯雄南逼」（註一〇），東晉侯時代，國政昏亂，魏師屢犯。（註一一）

梁武代齊，天監元年當北魏宣武帝景明三年（西元五〇二年）。天監十四年，當北魏延昌四年（西元五一五年）宣武帝崩，孝明帝即位，時方八歲。由胡太后輔政，淫亂昏庸，政局不穩，無力南侵。魏武泰元年，當梁武帝大通二年（西元五二八年），胡太后弒帝，立幼子釗。太原王爾朱榮起兵於晉陽，立長樂王子攸，是爲孝莊帝，初號建義，後改元永安。洛陽破，沈胡太后與幼子釗於河，屠殺元魏宗室，北海王元顥南奔蕭梁，梁武帝遣大將陳慶之送元顥返魏，大舉北伐。永安二年（西元五二九年），攻入洛陽，孝莊帝出奔河內，爾朱榮率軍入洛，元顥敗死。永安三年（西元五三〇年），孝莊帝誅殺爾朱榮。爾朱世隆、爾朱兆舉兵向洛，孝莊帝被縛遇弒。（註一二）其後高歡、宇文泰各挾天子以令諸侯。魏分東西。

由於北魏長期動亂，無力南犯，而梁武一朝，在位四十八年，太清二年（西元五四八年），侯景叛亂後，政局始告混亂。因此梁武帝有餘力數度遣師北討，然而卻均未能大有斬獲（註一三），大江南北依然對立兩個政治實體，統一大業仍須等待後起的隋文帝。

【附註】

註一　見新校本南齊書頁九八三（國史研究室）。
註二　同上頁九八六。
註三　同註一。
註四　同註一，頁五二五～五二七。
註五　同註一，頁九八七。
註六　同註一，頁九八八。
註七　同註一，頁九八九。
註八　同註一，頁九九〇。
註九　新校本魏書附西魏書頁二六四（鼎文書局）
註一〇　同上頁一〇〇〇。
註一一　同註九，頁九九八、九九九。
註一二　同註九，卷十孝莊帝紀後魏楊衒之洛陽伽藍記卷一（世界書局）
註一三　參閱梁書卷二、卷三梁武帝紀。（鼎文書局）

五、永明富逸，梁武繁華

蕭子顯生於齊武帝永明五年（西元四八七年），卒於梁武帝大同三年（西元五三七年）。他一生活動時期，便是由永明至梁武大同年間。

永明年間，南北使者來往頻繁，和平相處，疆場無事，民心安定。

南史卷五十劉瓛傳記載，蕭道成問政道於劉瓛，劉瓛稱「政在孝經」，說：

齊高帝踐阼，召瓛入華林園談語，問以政道。答曰：「政在孝經。宋氏所以亡，陛下所以得之是也。」帝咨嗟曰：「儒者之言，可寶萬世。」又謂瓛曰：「吾應天革命，物議以為何如？」瓛曰：「陛下戒前軌之失，加之以寬厚，雖危可安；若循其覆轍，雖安必危。」（註一）

宋明帝殲滅蕃戚，種下亡國禍因。上文劉瓛稱「政在孝經」，正是建議蕭道成以孝治天下，重整倫理秩序。

南齊書卷三十五高祖十二王傳記載，蕭道成臨終誡告武帝，勿骨肉相圖，長沙威王傳說：

太祖大漸時，誡世祖曰：「宋氏若不骨肉相圖，他族豈得乘其衰弊，汝深戒之。」（註二）

蕭賾登基後，相當厚待王室，除曾討殺魚復侯子響外，其他王室均獲全。

按：「魚復侯子響」，為武帝第四子，曾過嗣豫章王蕭嶷，嶷後得子，子響回歸帝王家，以殺害典籤，武帝命蕭順之討殺。事蹟見南齊書卷四十、南史卷四十四魚復侯傳、魏書卷九十八島夷蕭道成傳。

武帝安撫王室的政策，使宗族不憂不懼，不叛不離，國家自然安寧。除安撫王室外，蕭賾又恢復百宮祿田俸制（註三）勸農課商，力求節儉，官民因而經濟豐裕，人無悖心。

用人兼採門閥寒素，使「平流進取，坐至公卿」（註四），士庶無怨望。

永明年間的富逸狀況，南齊書卷五十三良政傳序說：

永明之世，十許年中，百姓無雞鳴犬吠之警，都邑之盛，士女富逸，歌聲舞節，袨服華粧，桃花綠水之間，秋月春風之下，蓋以百數。（註五）

又南齊書卷三武帝紀，蕭子顯評曰：

文武授任，不革舊章，明罰厚恩，皆由上出，義兼長遠，莫不肅然。外表無塵，內朝多豫，機事平理，職貢有恆，府藏內充，民鮮勞役，宮室苑囿，未足以傷財，安樂延年，眾庶所同幸。

又同上贊曰：「市朝晏逸，中外寧和。」（註六）

在這種富逸安樂的社會裡，思想開放，玄風仍傳，文學昌明，藝術勃發，成爲南北朝中，社會最富裕，文化最興盛的時期。

梁武帝蕭衍與齊高帝蕭道成同屬一個家族，以同宗奪取政權，是故沒有遭受多少反抗。未經戰亂，因此蕭衍一即位，不必如其他開國之君，須要收拾殘破，他可憑藉原有的財政實力，大展抱負。

梁武一朝，歷天監、普通、大通、中大通、大同、中大同、太清等七個年號，執政四十八年（西元五〇二至五四九年），太清二年（西元五四八年），侯景叛亂以前，雖偏居江左，由於北魏政局動亂，無遑南犯，使梁初成爲魏晉南北朝國勢最富強，社會最安寧的時代。

梁武帝勤儉愛民，爲政寬仁，曾築孤獨園，以養貧民。又提倡國學，發展文化藝術，政治清明，社會繁榮，文化昌盛，史稱天監之治，更超越齊武帝永明、宋文帝元嘉、晉武帝太康之治。

梁武帝篤信佛教，數度臨幸同泰寺，設四部大會，自昇法座，講解佛經，聽講大衆數萬人，蕭子顯陪侍講宴，曾撰寫御講摩訶般若經序，序文述說當時盛況，僅就捐款一項，就可看出梁代的富裕。序文稱「是時朝臣，至於民庶，並各隨喜，又錢一千一百一十四萬」（註七）

又梁書卷三武帝紀曾敘述梁初繁華富裕的盛況，爲魏晉以來所未有，說：

征賦所及之鄉，文軌傍通之地，南超萬里，西拓五千。其中瓌財重寶，千夫百族，莫不充牣王府，蹶角闕庭。三四十年，斯爲盛矣，自魏、晉以降，未或有焉。（註八）

由上可見，梁武一朝擁有魏晉南北朝最繁華的社會。

縱觀五單元的敘述，蕭子顯俯仰的齊梁之世，除齊明帝建武初年，蕭嶷這一家略有危機，而又立刻排除外，不論朝政如何動盪，甚至於經過齊明篡曆、梁武代齊，兩度革易，都沒有帶給蕭子顯禍難。他生長在富裕繁華的社會裏，官品顯達，在他的詩文中，沒有黍離之悲、亡國之痛，能見的只是亡國的省思。

【附註】

註一　新校本南史，頁一二三六（鼎文書局）。

註二　新校本南齊書，頁六二四（國史研究室）。

註三　參閱劉躍進永明文學研究第二章，頁七十七（文津出版社）。

註四　同註二，卷二十三頁四三八。

註五　同上，頁九一三。

註六　同註四，頁六三。

註七　見廣弘明集卷二十二，頁一五（中華書局）。

註八　梁書，頁九七（鼎文書局）。

第二節　文化環境

一、儒道釋交融於談坐

齊高帝蕭道成出身於儒生，一登基，即思復興儒教。其子武帝蕭賾繼承遺志，曾命王儉開學士館，恢復宋明帝所置玄、儒、文、史四部學。王儉以宰相之尊，碩儒之重，大力倡導經學，儒教因而大盛。「家尋孔教，人誦儒書」，永明時代，儒學眞是興隆之至。然而爲時不久，齊明帝建武以後，又告衰微。（註一）

梁武立國，才眞正將倡導儒經的工作，付諸實現。置五經博士，教授學生（註二），儒教復盛。東漢末年，張陵（世稱張道陵）、張角分別創立五斗米道（天師道）、太平道（註三），魏晉以後漸趨流行。西晉末年，八王之亂，民不聊生，東晉播遷，政局不穩，朝野人士，危懼難安，道教因而大興。

佛教傳入中國的年歲，衆說紛紜，牟子理惑篇以爲東漢明帝時（註四），似乎較爲可信。經魏晉的流傳，也是到了東晉，才有長足的發展。

南北分裂，北方的道教與佛教，大致仍停留在符籙養生、齋戒果報的階段。而南方的道佛，卻已漸向深處鑽研，研求更邃遠的義理。

原始的老莊道家，依然活躍在談坐上。談士們反覆論辯，尋索出更加玄奇奧妙的眞理。

南北朝玄風仍傳，談義之習已成。復興後的儒學，已失去兩漢師法、家法的本質；而是以談辯的方式，去尋求更加新拔的義理，義疏之學因此產生。東晉以後，佛理也成爲清談的主題之一，以道解儒說佛，以儒論道解佛，以佛明儒證道。是故在談坐上，儒、道、佛首度交融。

儒、道、佛三教的異同與優劣，也成爲南朝文士們論辨或筆戰的中心課題，如顧歡夷夏論、孟景翼的正一論、明僧紹正二教論、沈約神不滅論、范縝神滅論等及白黑論等，都是這類風氣下的產物。

【附註】

註　一　見新校本南齊書卷三十九頁六八七（國史研究室）。

註　二　見梁書卷四十八頁六六二。（鼎文書局）

註　三　參閱湯一介魏晉南北朝時的道教第三章七十七頁（東大圖書公司）、張承宗、田澤濱、何榮昌合編六朝史第八章第三節頁三三四（江蘇古籍出版社）。

註　四　參閱湯錫予魏晉南北朝佛教史第一章第一分頁一（國史研究室）、同上六朝史第八章第二節頁三一九。

二、文史繁榮

兩漢以經術取士，經學昌盛。魏晉以後，儒家衰微，對於經學，少有專精。於是士子們的注意力漸轉向文史。

九品官人之法，使門閥、寒素在政經的地位上，迥然懸殊。貴游子弟憑藉政經特權，不愁生計，有閒情逸致，研讀文史、創作文史。而寒士們，進身無門，也只能憑藉文史，博取高門名士鑑賞，以求得進身之階。魏晉以後，尤其是南北朝，文史的蓬勃發展，是在這種背景下推進的。

元嘉體的典正淵雅，至永明體又益以聲律論，詩歌的形式美以臻顛峰。齊梁的宮體，更將詩的唯美引入輕艷，艷則艷矣，大多無容無品。

江南的新聲雜曲，如吳歌西曲等，已漸被文士們所喜愛，不僅遊宴吟唱，而且紛紛仿作，爲我國的詩歌 入活潑的新體素。於是五、七言四句小詩，五、七言八句詩及七言歌行體等，都在齊梁之世成立而流行，爲唐代的絕句、律詩、歌行體奠定最佳的基礎。

駢文歷經魏晉的美化，到了南北朝事典愈臻麗密，對偶更加工整，已具備四六文的雛形。

關於史學的繁榮，正如六朝史所稱「這一時期，史書衆多，史家輩出，僅據『隋書經籍志』史部著錄，六朝史書即達三百八十多部，約占『隋志』所錄史書的百分之四十七。」(註一) 按：「六朝」指吳、東晉、宋、齊、梁、陳，偏居江左的六代。在這六朝中，宋、齊、梁、陳的史書最多。

由於政治動亂，朝代屢革，使社會不安，人命危殆。是故在以史爲鑑，以史留名的目的下，使文士們投身於史學的著作。起居注、職官、刑法、譜牒、傳記、正史、注史、評史等，各種史體齊備。尤其佛道流行，佛教與道教的史料衆多，爲研究我國佛教及道教史，提供最早最珍貴的資料。在這種文史繁榮的時代裡，蕭子顯致力於文史的創作，正是時代性的需求。

【附註】

註一　見張承宗、田澤濱、何榮昌合編六朝史第八章第四節頁三四九（江蘇古籍出版社）。

三、文學集團繁興

繼魏曹氏父子、西晉賈謐二十四友、張華、東晉湘東王（簡文帝司馬昱）、劉宋文帝（義隆）等文學集團之後，齊梁二代，文學集團繁興。由一位帝王、名士等領銜主導，游集天下知名文士，舉辦多種文學活動。或由某些人提出某種文論，作爲文學指標，從事集體創作，產生某種相類似的詩文體製、風貌、修辭技巧等，更進一步共同編纂類書、總集等。由於是集體的努力，因此容易引發頗大的文學風潮。無論這種風潮是優是劣，價値性如何，然而不可否認的，這類文學風潮，都能或輕或重，或多或少，遷移、改變、推進或提昇文學的發展。

齊梁二代的文學集團頗多，本小節僅能就主要的幾個，做簡略的說明。（註一）齊代主要的文學集團有四，茲簡述如下：

1. **王儉文學集團**：

王儉爲王導的五世孫，蕭齊的開國功臣，拜尚書令。倡導經學，儒教因而復興（註二）。儉集學士何憲等盛自商略，名儒陸澄亦加入其行列，論學並隸事（註三）。齊梁儒學的昌盛與玄化，要歸功於這一集團的論議。

2. **蕭嶷文學集團**：

蕭子顯的父親豫章文獻王蕭嶷，爲大司馬，曾出使荊、江、襄等州。招致知名文士爲其僚佐，最被親禮的是樂藹、劉繪、張稷等三人（註四）。其他成員如著宋紀的王智深，曾爲豫章王國常侍、大司馬參軍（註五）；穎川庚銑，善屬文，見賞豫章王，引至大司馬記室參軍（註六）；爲南齊掌國史，曾撰齊史十志的江淹，也曾出任豫章王記室（註七）。

3. **蕭子良文學集團**：

蕭子顯的堂兄竟陵文宣王蕭子良，爲司徒，永明年間，於建康城西雞籠山，開西邸，天下文士遊集（註八）。其中最著名者，號稱竟陵八友。八友爲沈約、蕭琛、王融、謝朓、陸倕、范雲、任昉、蕭衍等（註九）。這一文學集團的人數最多，如知名文士，張融、周顒、劉繪等（註一〇）。永明聲律論及詩體，就是他們集體推展的成就，又共同編輯四部要略千卷（註一一）

4.蕭子隆文學集團：

蕭子顯的堂兄隨郡王蕭子隆，有文才。其父武帝譽爲「我家東阿也」（註一二）。蕭子隆爲荊州刺史時，好辭賦，數集僚友。此時西府文學必然昌盛，然而史料不足，難以考徵。僅知謝朓爲隨王鎮西功曹，轉文學。朓以文才，尤被賞愛，流連晤對，不捨夕日。長史王秀之以朓年少相動，密以啓聞。武帝敕朓返京（註一三）。其後謝朓加入蕭子良文學集團。

梁代的文學集團，主要的有四，茲簡述如下：

1.**蕭衍文學集團**：

出身於蕭子良文學集團的蕭衍，篡立後，便引進文學之士，倡導儒學，提揚佛教，發展文史。常集合文士，論儒談道說佛，吟詩論文隸事。他的文思較傳統，反對聲律說（註一四），及輕艷的宮體詩（註一五）。因此蕭衍被視爲守舊或傳統派的文學領袖（註一六）。其主要成員如著雕蟲論的裴子野、劉之遴、吳均、徐勉等。又曾集合徐勉、何思隆、顧協、劉查、王子雲、鍾嶼等共同編纂華林徧略。（註一七）

2.**蕭統文學集團**：

好山水清音（註一八），文質彬彬（註一九）的昭明太子蕭統，天監元年（西元五〇二年）拜太子，至中大通三年（西元五三一年）薨。主掌東宮三十年。如師如友的僚佐中，才學之士濟濟，東宮文學大盛。主要成員如劉勰、劉孝綽、何遜、王筠等。文論傾向於融貫古今，通變新舊。（註二〇）因此他們被視爲折衷派。在遊宴、論學之餘，他們共同編集詩苑英華及昭明文選。

3. 蕭綱文學集團：

反對擬古、詩體輕艷的梁簡文帝蕭綱，早年封晉安王。普通四年（西元五二三年），出使雍州，召集三十多位知名文士，共同編輯法寶聯璧，蕭子顯、蕭子範、徐摛、庾肩吾、劉孝威等均參預其事（註二一）。又命庾肩吾與劉孝威、江伯搖、孔敬通、申子悅、徐防、徐摛、王囿、孔鑠、鮑至等十人，抄撰衆籍，號高齋學士（註二二）。

中大通三年，蕭統過世，蕭綱拜爲太子，東宮文士萃集。其主要成員除上述諸人外，還有徐陵、庾信、蕭愷、劉遵等。他們的文論追求新變，被視爲趨新派或新變派。側艷放蕩的宮體詩，是他們集體的傑作。又爲了免於過度的輕艷，命徐陵編輯宮體詩標準本玉臺新詠。

4. 蕭繹文學集團：

蕭衍的第七子湘東王蕭繹，普通七年（西元五二六年），年十九，出使荊州，前後十四年。太清元年（西元五四七年），又重任荊州刺史。因此西府文士雲萃，文學大昌。其主要成員如劉之遴、宗懍、蕭子雲、臧嚴、陸雲公、陰鏗、顏之儀、顏之推等，甚至於徐陵後來也加入這個集團。

縱觀上述，齊梁二世的文學集團，各有特色，各有成就。蕭子顯雖屬蕭綱文學集團，然而他童年時代所見所聞的文學盛況，必然爲他的孕育期提供最豐富的營養。而梁代同時並興的其他集團，也多少賦予他多層面的認知與參考。

【附註】

註一　本小節除根據我們從史傳及文論收集的資料外，主要又參考周勛初梁代文論三派述要（鼎文書局中國中古文學史論七種）、劉漢初蕭統兄弟的文學集團（國立臺灣大學中國文學研究所碩士論文）、張蓓蓓中古學術論略齊竟陵王蕭子良「西邸」文士集團考略（大安出版社）、劉躍進永明文學研究第一章（文津出版社）。

註二　見新校本南齊書卷二十三、新校本南史卷二十二王儉傳。（鼎文書局凡下引南史版本皆同）。

註三　見新校本南齊書卷三十九陸澄傳頁六八五。

註四　同上卷二十二蕭嶷傳頁四一八。

註五　同註三卷五十二王智深傳頁八九六。

註六　同上。

註七　梁書卷十四江淹傳頁二五〇（鼎文書局）。凡下引梁書版本皆同。

註八　見新校本南齊書卷四十、新校本南史卷四十四蕭子良傳。

註九　見梁書卷一武帝紀頁二及卷十三沈約傳頁二三三。

註一〇　見新校本南齊書卷四十八劉繪傳頁八四一。

註一一　同上卷四十蕭子良傳頁六九八。

註一二　同註十蕭子隆傳頁七一〇。

註一三　見註十卷四十七謝朓傳頁八二五。

註一四　見梁書卷十三沈約傳頁二四三。

註一五　見梁書卷三十徐摛傳云：「摛文體既別，春坊盡學之，宮體之號，自斯而起。高祖聞之怒，召摛加讓。」（頁四四七）。

註一六　周勛初梁代文論三派述要一文將梁代文論分爲守舊、趨新、折衷三派。下文蕭統集團屬折衷派，蕭綱集團屬趨新派，不附註（此文版本見註一）。

註一七　劉汝霖著東晉南北朝學術編年卷之五上頁三六〇（長安出版社）。

註一八　梁書卷八，頁一六八。

註一九　曾永義、柯慶明中國文學批評資料彙編—兩漢魏晉南北朝頁二五三蕭統答湘東王求文集及文苑英華書（成文出版社）。

註二〇　參閱劉勰文心雕龍通變篇（臺灣開明書店）、蕭統昭明文選序（文津出版社）、答湘東王求文集及文苑英華書（同註十九）。

註二一　見新校本南史卷四十八陸罩傳及廣弘明集卷二十三蕭繹法寶聯璧序後作者名單（中華書局）。

註二二　見新校本南史卷五十庾肩吾傳頁一二四六。

第二章 蕭子顯的事蹟

第一節 蕭子顯的生平

一、籍　貫

蕭子顯爲南蘭陵蘭陵人。「南蘭陵蘭陵」，是指東晉以後，僑置在晉陵郡武進縣的蘭陵郡蘭陵縣，現址在江蘇省常州縣西北。

按：「蘭陵」，原是先秦楚國城邑名，漢代以後置縣，屬東海郡。晉惠帝元康元年（西元二九一年），分東海郡，置蘭陵郡，在今山東省嶧縣境。東晉播遷，在江南廣置僑郡，取晉陵郡武進縣，置蘭陵郡蘭陵縣，另加「南」字以區別。

蕭子顯自認爲是漢丞相蕭何的後代，他的祖父蕭道成是蕭何的廿四世孫，蕭子顯當是蕭何的廿六世孫。蕭何是沛縣人，沛縣屬徐州，秦置彭城縣，漢兼置彭城郡，現址應在今江蘇省銅山縣西北；因此，蕭子顯最原始的籍貫，當是沛縣。南齊書卷一齊高帝本紀中，蕭子顯自述他的祖先遷籍的情況說：

蕭何取沛，侍中彪免官居東海蘭陵縣中都鄉中都里。晉元康元年，分東海爲蘭陵郡。中朝亂，淮陰令整字公齊，過江居晉陵武進縣之東城里。寓居江左者，皆僑置本土，加以南名，於是爲南蘭陵蘭陵人也。

北齊魏收魏書卷九十八島夷蕭道成傳說：

島夷蕭道成，字紹伯，晉陵武進楚也。僭晉時，以武進之東城爲蘭陵郡縣，遂爲蘭陵人。（註一）

又唐李延壽南史卷四齊本紀上說：

齊太祖高皇帝諱道成，字紹伯，小字鬬將，姓蕭氏。其先本居東海蘭陵縣中都鄉中都里，晉元康元年，惠帝分東海郡爲蘭陵，故復爲蘭陵郡人。中朝喪亂，皇高祖淮陰令整，字公齊，過江居晉陵武進縣之東城里，寓居江左者，皆僑置本土加以「南」名，更爲南蘭陵人也。（註二）

上述三部史書有關蕭子顯籍貫的記載互有詳略，但都一致以爲蕭道成是僑置在晉陵郡武進縣的南蘭陵郡蘭陵縣人，因此蕭子顯爲今江蘇省常州縣人是可以肯定的。

按：南齊書卷一齊高帝紀說：

太祖高皇帝諱道成，字紹伯，姓蕭氏，小諱鬬將，漢相國蕭何二十四世孫也。何子酇定侯延生侍中彪，彪生公府掾章，章生皓，皓生仰，仰生御史大夫望之，望之生光祿大夫育，育生御史中丞紹，紹生光祿勳閎，閎生濟陰太守闡，闡生吳郡太守永，永生中山相苞，苞生博士周，周

> 生蛇丘長嶠，嶠生州從事逵，逵生孝廉休，休生廣陵府丞豹，豹生太中大夫裔，裔生淮陰令整，整生即丘令儁，儁生輔國參軍樂子，宋昇明二年九月贈太常，生皇考。（註三）

唐李延壽南史卷四齊高帝紀僅述及蕭道成的前四代，說：

> 齊太祖高皇帝諱道成，……皇高祖淮陰令整……（引文見前）皇曾祖儁，字子武，位即丘令。皇祖樂子，字閨子，位輔國參軍，宋昇明中贈太常。皇考承之，字嗣伯，少有大志，才力過人，仕宋爲漢中太守。梁州之平，以功加龍驤將軍，後爲南泰山太守，封晉興縣五等男，遷右軍將軍。元嘉二十四年殂，梁土思之，於峨公山立廟祭祀。昇明二年，贈散騎常侍，金紫光祿大夫。（註四）

同上論曰：

> 據齊、梁紀錄，並云出自蕭何，又編御史大夫望之以爲先祖之次。案何及望之於漢俱爲勳德，而望之本傳不有此陳，齊典所書，便乖實錄。近秘書監顏師古博考經籍，注解漢書，已正其非，今隨而改削云。（註五）

由上可知，南史之所以削去蕭道成家族出於蕭何、蕭望之等一段譜系紀錄，是因爲南史採取顏師古說法，認爲齊梁帝王非出於蕭何，「齊書所典，便乖實錄」。

史記卷五十三蕭相國世家說：

> 蕭相國何者，沛豐人也……孝惠二年，相國何卒，謚爲文終侯……，後嗣以罪失侯者四世，絕，天

子輒復求何後，封續酇侯，功臣莫得比焉。」（註六）

又漢書卷三十九蕭何傳說：

> 蕭何，沛人也，……孝惠二年，何薨，謚曰文終侯。子祿嗣，薨，無子。高后乃封何夫人同爲酇侯，小子延爲筑陽侯，孝文元年，罷同，更封延爲酇侯。薨，子遺嗣。薨，無子。文帝復以遺弟則嗣，有罪免。景帝二年，制詔御史：「故相國蕭何，高皇高大功臣，所與爲天下也。今其祀絕，朕甚憐之。其以武陽縣戶二千封何孫嘉爲列侯。」嘉，則弟也。薨，子勝嗣，後有罪免。武帝元狩中，復下詔御史：「以酇戶二千四百封何曾孫慶爲酇侯，布告天下，令明知朕報蕭相國德也。」慶，則子也。薨，子壽成嗣，坐爲太常〔犧〕牲瘦免。宣帝時，詔丞相御史求問蕭相國後在者，得玄孫建世等十二人，復下詔以酇戶二千封建世爲酇侯。傳子至孫獲，坐使奴殺人減死論。成帝時，復封何玄孫之子南繼長喜爲酇侯。傳子至曾孫；王莽敗乃絕。（註七）

上引史記記載簡略，而漢書記載雖較詳細，然而數度因絕嗣而由天子下令爲蕭何立嗣，由傍枝過繼。有時也因罪削爵。因此蕭何的後代顯得相當龐雜。

漢書卷七十八蕭望之傳說：

> 蕭望之字長倩，東海蘭陵人也，徙杜陵，家世以田爲業，至望之，好學，治齊詩，事同縣后倉且十年。以令詣太常受業，復事同學博士白奇，又從夏侯勝問論語、禮服。京師諸儒稱述焉。（註八）

顏師古註說：

近代譜諜妄相託附，乃云望之蕭何之後，追次昭穆，流俗學者共祖述焉。但鄼侯漢室宗臣，功高位重，子孫胤緒具詳表、傳。長倩鉅儒達學，名節並隆，博覽古今，能言其祖。市朝未變，年載非遙，長老所傳，耳目相接，若其實承何後，史傳寧得弗詳？漢書既不敘論，後人焉所取信？不然之事，斷可識矣。（註九）

李慈銘也採顏師古之說，以爲南齊書出蕭何的說法，是僞譔。越縵堂讀書記說：

南齊書高帝紀，梁書武帝紀，皆載系出蕭何，何子鄼定侯延，延後五世爲望之，小顏漢書注已糾其妄，其僞譔固不待言。（註一〇）

漢書稱蕭望之爲東海蘭陵人，齊梁帝王也是東海蘭陵人，因此出於蕭望之，並非不可能。而蕭何後代龐雜，漢宣帝求蕭相國子嗣已得玄孫建世等十二人。蕭何死後，孝惠帝以後，代代帝王都封蕭何子嗣爲侯，有些又是旁枝，而一人得爵，其他子孫不封侯者，或各自分散。顏師古也無有力證據，只是憑蕭望之巨儒達學，不言出於蕭何，漢書未做記載，而論斷譜諜妄相託附。

蕭子顯自述其家世，譜系相當明晰；而且子顯恃才傲物，博學多識，又是位史學家，恐怕要他隨意去攀附他人祖先是不可能的。據此，本論文尊重蕭子顯人品及學識，不取齊梁帝王不出蕭何之說。

【附註】

註一　新校本魏書頁二一六一（鼎文書局）。
註二　新校本南史頁九七（鼎文書局）。
註三　新校本南齊書頁一（國史研究室）。
註四　同註二。
註五　同註二，頁一二七。
註六　新校史記三家註頁二〇一三，二〇一九、二〇二〇（世界書局）。
註七　漢書頁二〇〇五、二〇一二、二〇一三（明倫出版社）。
註八　同註七，頁三二七一。
註九　同註八。
註一〇　越縵堂讀書記頁一二三五（世界書局）。

二、生卒年

關於蕭子顯的生卒年有兩種說法：

㈠生於齊武帝永明七年（西元四八九年），卒於梁武帝大同三年（西元五三七年），享年四十九。

日人鈴木虎雄宋沈休文約年譜，永明七年下繫上：「蕭子顯生，大同三年卒，年四十九歲。」（

註一），該書沒有說明資料來源，根據我們的考證，這種生卒年的說法，是就梁書及南史的本傳推算而來。

梁書、南史的本傳，都未記載蕭子顯的生年；至於卒年，梁書卷三十五蕭子恪傳附蕭子顯傳說：

大同三年，出爲仁威將軍、吳興太守，至郡未幾，卒，時年四十九。（註二）

又南史卷四十二齊高帝諸子上蕭嶷傳附蕭子顯傳說：

出爲吳興太守，卒時年四十九。（註三）

南史指「卒時年四十九」未曾繫年，梁書明白指出「大同三年卒，時年四十九」上推蕭子顯生年，當在永明七年。

㈡生於齊武帝永明五年（西元四八七年），卒於梁武帝大同三年（西元五三七年），享年五十一。

劉躍進永明文學研究永明文學繫年稱蕭子顯生於永明五年（西元四八七年）。關於卒年，則有兩種說法：一則「天監十二年」下稱「蕭子顯二十七歲，後二十四年，即梁大同三年（五三七）卒。」；二則「永明五年」下稱卒於太清二年，年五十一。說：

蕭子顯生。『梁書』本傳：『子顯字景陽，子恪第八弟也。』太清二年侯景之亂，尋卒官。時年四十九歲。據此，鈴木虎雄『沈約年譜』定其生於永明七年，實誤。『法寶聯璧序』載，五三四年蕭子顯四十八歲，上推生本年。下至太清二年，應是五十一歲。（註四）

劉氏以法寶聯璧序（五三四年）蕭子顯四十八歲，上推子顯生年，非生於永明七年，當生於永明五年，甚有卓見；然而劉氏稱「梁書本傳：子顯……太清二年侯景之亂；尋卒官」，又稱「下至太清二年，應是五十一歲」，其中恐有誤差。按：梁武帝太清二年，當西元五四八年，上距永明五年（西元四八七年），已有六十二載，而非五十一年。依照我們的探究，劉氏恐怕是涉梁書蕭子顯本傳後蕭愷傳而誤。梁書蕭子顯傳後附二子序、愷傳，蕭愷傳說：

愷，初爲國子生，……太子洗馬，父憂去職。服闋，復除太子洗馬，……太清二年，遷御史中丞。頃之，侯景寇亂，愷於城內遷侍中，尋卒官，時年四十四。（註五）

上引蕭愷傳稱「父憂去職，服闋」後，又出任多種官職，「太清二年」，「侯景寇亂」，「尋卒官」。據此，蕭子顯絕非與其子蕭愷同卒於太清二年。

蕭子顯參與編輯法寶聯璧事，未見於梁書、南史本傳，而記載於南史卷四十八陸杲傳附陸罩傳，說：

初，簡文在雍州，撰法寶聯璧，罩與群賢並抄掇區分者數歲。中大通六年而書成，命湘東王爲序。其作者有侍中國子祭酒南蘭陵蕭子顯等三十人，以比王象、劉邵之皇覽焉。（註六）

法寶聯璧是集錄佛教經論的一部類書，由簡文主導，召集三十多位作者、文士，「並抄掇區分者數歲」。上引陸罩傳稱「簡文在雍州」是指普通四年（西元五二三年）至普通七年（西元五二六年）的四年間。據梁書及南史的記載，梁簡文帝蕭綱爲晉安王時，於普通四年，出任雍州刺史，至普通七年，丁母憂，召還本任。（註七）由此可知，編纂法寶聯璧的起始年歲，最早不能早過普通四年，最遲也不能晚於普通七年；至中大通六年，約十年左右而書成，由湘東王蕭繹作序。

法寶聯璧一書已亡佚，今僅存蕭繹法寶聯璧序，收錄於唐釋道宣廣弘明集卷二十二。序文後，載錄參與編纂該書的三十八位作者，簡要的說明他的官爵、籍貫、姓名、年歲及字號。

排列在作者名單首位的是梁元帝蕭繹。稱「始持節平西將軍荊州刺史湘東王蕭繹，年二十七，字世誠」。據梁書卷五梁元帝紀，蕭繹生於天監七年（西元五〇八年）；天監十三年（西元五一四年），七歲封湘東郡王；普通七年（西元五二六年），十九歲出爲使持節，荊州刺史；中大通四年（西元五三二年），二十五歲，進號平西將軍；二十七歲時正是中大通六年（西年五三四年）；次年大同元年（西元五三五年），二十八歲，蕭繹已進號爲安西將軍。由上可證，法寶聯璧確實書成於中大通六年，而序文後官爵、年齡等，也和梁元帝本紀相符合。

排列在第二位者爲蕭子顯，稱「侍中國子祭酒南蘭陵蕭子顯四十八歲字景暢」。（按：梁書、南史本傳作「字景陽」），梁書陸罩傳也稱「其作者有侍中國子祭酒南蘭陵蕭子顯等三十人」，都足證蕭子顯不僅參預法寶聯璧的編輯，而且除蕭繹外，蕭子顯還位居衆作者之首。

法寶聯璧序作於中大通六年比唐朝姚思廉所編梁書更早，是瞭解蕭子顯生平的第一手資料；因此，劉躍進永明文學研究根據法寶聯璧序，推算蕭子顯生於永明五年是相當可信的。只是令人疑惑的是法寶聯璧序後蕭子顯的官爵稱「侍中國子祭酒」，梁書陸罩傳也同。依據梁書、南史蕭子顯本傳及梁書、南史梁武帝本紀的記載，蕭子顯於中大通二年（西元五三〇年）遷長兼侍中；中大通三年（西元五三一年），以本官領國子博士；中大通四年（西元五三二年），遷國子祭酒又加侍中；中大通五年（西元五三三年）冬十月庚申（十月五日），「侍中國子祭酒爲吏部尙書」（梁書梁武帝本紀語），「選吏部尙書，侍中如故」（梁書本傳），大同三年（西元五三七年），出爲仁威將軍、吳興太守（註八）。依此，中大通五年十月至大同二年間，蕭子顯已出任吏部尙書兼侍中，何以成書於中大通六年的法寶聯璧，記錄蕭子顯的官爵時，不稱侍中吏部尙書，卻稱侍中國子祭酒呢？依照我們的推想，三十多位作者，在抄掇區分佛教經律論時各自負責一部份，自普通五年或七年起編至中大通六年書成，這十年左右，作者們先殺青。蕭子顯大約是在中大通四年至中大通五年十月前編就，校稿時便以當時的爵位侍中國子祭酒呈報。當中大通六年書成，秘書人員整理作者名單附在序文後，因此便直接用侍中國子祭酒這官爵，而未改稱吏部尙書。

永明文學研究永明文學繫年又說：

但這裏也有問題。梁書、蕭子雲傳：『年十二齊建武四年也』，據此而推，蕭子雲生於永明四年。問題是蕭子雲是『子恪第九弟』，即蕭子雲是蕭子顯的弟弟。但是若依『蕭子雲傳』，子雲反比子顯大一歲。其中必有誤。限於材料，無從細考。今暫依蕭繹記載，確定蕭子顯生年。至於蕭子雲生年，不從『梁書』本傳，只好從略。（註九）

事實上，不僅是上述蕭子雲比蕭子顯大的問題，還有蕭子顯的哥哥蕭子範與子顯、子雲之間的年齡問題，一直相當若惱文學界，下文我們將探究這個問題。

蕭子範是豫章王蕭嶷的第六子，蕭子顯是第八子，蕭子範是蕭子顯之兄。子範也曾參與編輯法寶聯璧，法寶聯璧序文後作者名單排列在第二十一位，稱「輕車長使南蘭陵蕭子範四十九歲字景則」。顯而易見的，蕭子範比蕭子顯大一歲。中大通六年（西元五三四年），子範四十九歲，上推他的生年，當在齊武帝永明四年（西元四八六年）。

梁書卷三十五蕭子恪傳附蕭子範傳，說：

子範字景則，子恪第六弟也。……太宗即位，召爲光祿大夫，加金章紫綬，以逼賊不拜。其年葬簡皇后，使與張纘俱製哀策文，……尋遇疾卒，時年六十四。（註一〇）

又南史卷四十二蕭嶷傳附蕭子範傳，說：

子操弟子範字景則，……簡文即位，召爲光祿大夫，加金章紫綬。以逼賊不拜。其年葬簡皇后，使製哀策，文理哀切。……尋卒於招提寺僧房。（註一一）

按：梁書、南史蕭子範本傳均未提及子範生、卒年，僅敘述太宗簡文帝即位後，召爲光祿大夫，其年葬簡皇后，使子範製哀策文，「尋遇疾卒，時年六十四」（梁書），「尋卒於招提寺僧房」（南史）。梁書卷七太宗王皇后傳說：

太清三年三月薨於永福省，時年四十五。其年太宗即位，追崇爲皇后，謚曰簡，大寶元年九月葬莊陵。……詔金紫大夫蕭子範爲哀策文。」（註一二）

南史卷十二簡文王皇后傳說：

太清三年三月薨於永福省。時年四十五，其年簡文即位，追崇爲皇后，謚曰簡。大寶元年九月葬莊陵。（註一三）

由上引梁書、南史可知簡皇后薨於太清三年三月，至大寶元年九月始安葬；梁書還稱「詔金紫大夫蕭子範爲哀策文」。

以梁書、南史簡文王皇后傳對照梁書、南史蕭子範傳可得到一個結論：大寶元年九月葬簡皇后，蕭子範爲哀策文，尋卒，時年六十四。蕭子範卒於簡文帝大寶元年（西元五五〇年），年六十四，上推生年，當在齊武帝永明五年（西元四八七年）。較上述由法寶聯壁序所推出之生年「永明四年」（西元四八六年），只差一年。法寶聯壁序資料較原始，而且稱子顯四十八歲，子範四十九歲，兄弟差一歲。據此，我們綜合上述史料，將蕭子範的生年，依法寶聯壁序所載，推算爲齊武帝永明四年。

至於蕭子雲，梁書卷三十五蕭子恪傳附蕭子雲傳說：

子雲字景喬，子恪第九弟也。年十二，齊建武四年，封新浦縣侯，……太清元年，復爲侍中、國子祭酒，領南徐州大中正。二年，侯景寇逼，子雲逃民間。三年三月，宮城失守，東奔晉陵，餧卒于顯靈寺僧房，年六十三。（註一四）

南史卷四十二蕭嶷傳附蕭子雲傳說：

子顯弟子雲。子雲字景喬，年十二，齊建武四年，封新浦縣侯。……太清元年，復爲侍中、國子祭酒。二年，侯景寇逼，子雲逃人間。三年，宮城失守，奔晉陵，餧卒于顯雲寺僧房，年六

十三。（註一五）

上引梁書、南史蕭子雲傳，均提供兩處可以上推子雲生年的史料：

1.「十二歲，齊建武四年，封新浦縣侯」（梁書），「年十二，齊建武四年，封新浦縣侯」（南史），齊明帝建武四年當西元四九七年，子雲十二歲，上推生年，應是齊武帝永明四年（西元四八六年）。

2.梁書、南史蕭子雲本傳均稱太清三年，子雲餒卒於顯雲寺僧房，年六十三。梁武帝太清三年當西元五四九年，子雲六十三歲，上推生年，應是齊武帝永明五年（西元四八七年）。

上述兩種說法，只差一歲。蕭子顯既依法寶聯璧序定爲永明五年生，蕭子雲爲子顯之弟，自然不能大於子顯，與子顯同生於永明五年，是絕對沒有問題的。

南史卷四十二蕭嶷傳稱「嶷後房逾千餘人」，又梁書卷二十二蕭嶷本傳均稱嶷薨於永明十年（西元四九二年），年四十九。梁書卷三十五、南史卷四十二蕭子恪傳分別稱「子恪兄弟十六人並仕梁」、「子恪兄弟十六人並入梁」。蕭嶷長子子廉，早卒於南齊，姑不論女兒，單就子息便有十七人。蕭子範排行第六，生於齊永明四年，而蕭嶷卒於永明十年，首尾僅七載，而包括蕭子範在內，須在這七年內誕生十一位子嗣，勢必有一些兄弟在同一年出生，由此可證，排行第六的蕭子範，比排行第八的蕭子顯，只大一歲；而排行第八的蕭子顯和排行第九的蕭子雲，年齡相同，出生於同一年，是完全合情合理的。

茲將我們研討出的蕭子範、蕭子顯、蕭子雲的生卒年列序於下：

蕭子範：生於齊武帝永明四年（西元四八六年），卒於梁簡文帝大寶元年（西元五五〇），享年六十五。

蕭子顯：生於齊武帝永明五年（西元四八七年），卒於梁武帝大同三年（西元五三七年），享年五十一。

蕭子雲：生於齊武帝永明五年（西元四八七年），卒於梁武帝太清三年（西元五四九年），享年六十三。

至此，蕭子範、子顯、子雲兄弟間錯雜不清的生卒年問題，也有著較合情合理的推斷。蕭子顯的生卒年就依上述定爲永明五年至大同三年間。

【附註】

註一　宋沈休文約年譜頁二五馬導源編譯。（臺灣商務印書館）。

註二　梁書頁五一二（鼎文書局）。

註三　新校本南史頁一〇七三（鼎文書局）。

註四　劉躍進永明文學研究頁二三七（文津出版社）。

註五　梁書頁五一三（同註二）。

註　六　同註三，頁一二〇五。

註　七　梁書卷四簡文帝紀說：「（普通）四年，徙爲使持節、都督雍梁南北秦四州郢州之竟陵司州之隨郡諸軍事、平西將軍、寧蠻校尉、雍州刺史。五年，進號安北將軍。七年，權進都督荊、益南梁三州諸軍事。是歲，丁所生穆貴嬪喪，上表陳解，詔還攝本任。」又南史卷八梁本紀下簡文帝紀說：「普通四年，累遷都督、雍州刺史。」

註　八　參看本節三行狀。

註　九　同註四，頁二三七、二三八。

註一〇　同註二，頁五一〇。

註一一　同註三，頁一〇七〇、一〇七一。

註一二　同註二，頁一五八。

註一三　同註三，頁三四一。

註一四　同註二，頁五一三、五一五。

註一五　同註三，頁一〇七四、一〇七六。

三、行狀

蕭子顯，字景陽，或作景暢（註一）南朝蕭梁南蘭陵蘭陵（今江蘇省常州縣西北）人，生於齊武帝永明五年（西元四八七年）。齊高帝蕭道成之孫，豫章文獻王蕭嶷第八子。幼聰慧，其父以爲卓異，特加寵愛超越諸子。

按：梁書卷三十五蕭子恪傳附蕭子顯傳云：

子顯字景陽，子恪第八弟也。幼聰慧，文獻王異之，愛過諸子。（註二）

又南史卷四十二齊高帝諸子上蕭嶷傳附蕭子顯傳云：

子顯字景陽，子範弟也。幼聰慧，嶷偏愛之。（註三）

永明十年（西元四九二年），子顯六歲，其父豫章王蕭嶷薨。

按：南齊書卷二十二；南史卷四十二蕭嶷傳均稱蕭嶷薨於永明十年。

永明十一年（西元四九三年），子顯七歲，封寧都縣侯。

按：梁書、南史本傳均稱「七歲封寧都縣侯」。

齊東昏侯永元三年（西元五〇一年），以王子例拜給事中。

按：梁書本傳稱「永元末，以王子例拜給事中」。「永元」，爲齊東昏侯年號，共三年。「永元末」，即永元三年。

齊和帝中興二年，即梁武帝天監元年（西元五〇二年），蕭衍篡立，梁興，齊亡。

按：南齊書卷八齊和帝紀云：

（中興二年三月）丙辰，禪位梁王……夏四月辛酉，禪詔至，皇太后遜外宮。丁卯，梁王奉帝爲巴陵王，宮于姑孰，行齊正朔，一如故事。戊辰，薨，年十五。追尊爲齊和帝，葬恭安陵。

（註四）

又南史卷五齊本紀下齊和帝紀云：

（中興二年三月）丙辰，遜位于梁……四月辛酉，禪詔至，皇太后遜居外宮。梁受命，奉帝爲巴陵王，宮于姑孰。戊辰，巴陵王殂，年十五。追尊爲齊和帝，葬恭安陵。（註五）

天監初—天監元年（西元五〇二年），子顯十六歲，降爵爲子。其後累遷安西外兵，仁威記室參軍，司徒主簿，太尉錄事參軍。

按：梁書本傳云：

天監初，降爵爲子。累遷安西外兵，仁威記室參軍，司徒主簿，太尉錄事。（註六）

又南史本傳云：

梁天監初，降爲子。位太尉錄事參軍。（註七）

又按：蕭子顯降爵爲子之天監初年，係指天監元年，梁書卷二武帝紀云：

天監元年夏四月丙寅，高祖即皇帝位於南郊。……詔曰『興運升降，前代舊章。齊世王侯封爵，悉皆降省。』（註八）

又南史卷六梁武帝紀云：

天監元年夏四月丙寅，皇帝即位于南郊，……齊代王侯封爵，悉皆降省（註九）

其後累遷安西外兵等官職，職位均尙卑小，出任年歲可能在天監元年至十年（西元五一一年）左右，子顯約十六歲至二十五歲間。

子顯容貌奇偉，身高八尺，好學，善屬文。天監六年（西元五〇七年）至九年（西元五一〇年）左右，子顯約二十一歲至二十四歲，曾撰寫一篇鴻序賦。沈約見後，讚美爲明道之最高表現，蓋是班固幽通賦一流之作品。

按：梁書本傳云：

子顯偉容貌，身長八尺。好學，工屬文。嘗著鴻序賦，尚書令沈約見而稱曰『可謂得明道之高致，蓋幽通之流也。』（註一〇）

南史本傳大同小異，唯梁書：「子顯偉容貌，身長八尺。」，南史作「子顯身長八尺，狀貌甚雅。」而已。

又按：梁書、南史本傳未明示蕭子顯撰寫鴻序賦之年代，根據沈約史料可知，沈約爲尙書令，在天監六年至九年間。梁書卷二梁武帝紀稱：「天監六年冬十月閏月乙丑，尙書左僕射沈約爲尙書令」。閏月乙丑，即指閏十月十日。（註一一），又梁書卷十三沈約傳云：

尋遷尚書令，領太子少傅。九年，轉左光祿大夫，侍中，少傅如故。（註一二）

由上可知，沈約爲尙書令，在天監六年至九年間。梁書、南史蕭子顯本傳均稱「尙書沈約見而稱之」，可見蕭子顯鴻序賦作成時，沈約正爲尙書令，據此定鴻序賦著成於天監六年至九年間。

其後又採集衆家後漢書，考正同異，著成後漢書，成一家之言，又啓奏撰寫南齊書，書成獻上，詔付祕閣。

按：梁書本傳云：

又採衆家後漢，考正同異，爲一家之書。又啓撰齊史，書成，表奏之，詔付祕閣。（註一三）

又南史本傳大同小異，唯梁書：「書成，表奏之。」，南史作「書成表奏。」而已。

又按：梁書、南史本傳均未說明蕭子顯撰寫後漢書及南齊書之年歲；此節文字置於撰鴻序賦後，爲邵陵王友前，最可能著成之年歲爲天監六年（西元五〇七年）至十八年（西元五一九年）間，子顯約二十一歲至三十三歲左右。

天監九年（西元五一〇年）至十八年（西元五一九年）左右，子顯爲太子中舍人，建康令。天監十六年（西元五一七年），子顯三十一歲，始預九日朝宴，武帝以雲物甚美，稠人廣坐中，獨命子顯賦詩。詩成，武帝讚爲才子。子顯以爲一顧之恩，非望而至，自方賈誼。

按：梁書本傳稱「累遷太子中舍人，建康令。」南史本傳未載子顯任此二官職。又梁書本傳引子顯自序云：

天監十六年，始預九日朝宴，稠人廣坐，獨受旨云：「今雲物甚美，卿得不斐然賦詩。」詩既成，又降帝旨曰：「可謂才子。」，余退謂人曰：「一顧之恩，非望而至。遂方賈誼何如哉？」（

註一四）

又南史本傳大同小異，唯「得不」作「將不」，「降帝旨」作「降旨」。（註一五）

又按：梁書本傳稱子顯爲建康令後，又出任邵陵王友，下文已考證出任邵陵王友之年歲，爲普通元年至五年間；而太子中舍人及建康令，均在京師爲官。蕭子顯自序稱天監十六年，始預九日朝宴，可能正是任職太子中舍人或建康令之時。據此，將任職太子中舍人及建康令之年歲定於天監九年至十八年間。

普通元年（西元五二〇年）至五年（西元五二四年）左右，子顯約三十四歲至三十八歲間，出爲邵陵王友。還京師後，撰自序一文以敘懷。

按：梁書本傳稱子顯爲建康令後，又爲「邵陵王友」。南史本傳稱「累遷邵陵王友」。梁書、南史本傳引子顯自序云「余爲邵陵王友，忝還京師」，可見蕭子顯乃隨邵陵王在外藩任友職。梁書、南史本傳均未說明子顯爲邵陵王友之年歲，梁書卷二十九邵陵王傳云：

> 邵陵攜王綸字世調，高祖第六子也。……天監十三年，封邵陵郡王，邑二千户。出爲寧遠將軍、琅邪彭城二郡太守，遷輕車將軍、會稽太守。十八年，徵爲信威將軍。普通元年，領石頭戍軍事，尋爲江州刺史。五年，以西中郎將權攝南兗州，坐事免官奪爵。七年，拜侍中。大通元年，復封爵，尋加信威將軍，置佐史。中大通元年，爲丹陽尹。（註一六）

由上可知，邵陵王爲梁武帝第六子蕭綸，天監十三年，封邵陵郡王，即歷任外藩；天監十八年徵爲信威將軍，還都；普通元年，領石頭戍軍事，尋遷江州刺史；普通五年，坐事免官奪爵，還都；大通元年，復爵後，至中大通元年，爲丹陽尹，均未再外放。中大通二年，子顯任長兼侍中後，官職顯達，不可能任友職。梁書本傳稱「天監十六年始預九日朝宴」，可見子顯人在京師，不可能隨邵陵王之藩。據此，子顯出任邵陵王友之年歲最可能爲邵陵王於普通元年再度外放，至普通五年坐事還都之五年間。梁書邵陵王傳未說明邵陵王坐事之由，南史卷五十三邵陵王傳云：

邵陵攜王綸字世調，小字六眞，武帝第六子也。……天監十三年，封邵陵郡王。普通五年，以西中郎將權攝南徐州事。在州輕險躁虐，喜怒不恒，車服僭擬，肆行非法遨遊市里，雜於廝隸。嘗問賣䱇者曰：『刺史何如？』對者言其躁虐，綸怒，令呑䱇以死，自是百姓惶駭，道路以目。……免官削爵士還第。（註一七）

梁書、南史本傳蕭子顯自序云：

余爲邵陵王友，忝還京師，遠思前比，即楚之唐、宋，梁之嚴、鄒。（註一八）

蕭子顯爲邵陵王友，還京師，用「忝還」二字；且自比先秦楚國之唐勒、宋玉，西漢由吳入梁之嚴忌、鄒陽。

史記卷八十四屈原賈生列傳云：

屈原既死之後，楚有宋玉、唐勒、景差之徒者，皆好辭而以賦見稱；然皆祖屈原之從容辭令，終莫敢直諫。其後楚日以削，數十年竟爲秦所滅。（註一九）

又漢書卷五十一賈鄒枚路傳云：

> 鄒陽，齊人也。漢興，諸侯王皆自治民聘賢。吳王濞招致四方游士，陽與吳嚴忌、枚乘等俱仕吳，皆以文辯著名。……吳王不內其言。是時，景帝少弟梁孝王貴盛，亦待士。於是鄒陽、枚乘、嚴忌知吳不可說，皆去之梁，從孝王游。（註二〇）

就上可知，唐、宋、嚴、鄒四人，皆在藩國，而勸說無功；蕭子顯自比四人，頗有對邵陵王勸說無功之歎；且用「忝還」二字，更有爲友無狀之慚。據此，將蕭子顯出任邵陵王友之年歲，定在普通元年至五年間，而自序當作於普通五年還京後不久。

又按：或以邵陵王友之「友」字，爲朋友意，誤。「友」，係官名，職在伴王公大人讀書。南齊書卷十六百官志稱「諸王師、友、文學各一人」，同書卷三十三張緒傳稱緒子張充「永明元年爲武陵王友」。蕭梁上承其制，梁書卷三十三稱「天監初，臨川王已下並置友、學。以率爲鄱陽王友。」由此可證，蕭子顯爲邵陵王友職在伴邵陵王讀書，並輔佐邵陵王。

普通五年（西元五二四年）至中大通元年（西元五二九年）左右，子顯約三十八歲至四十三歲間，累遷丹陽尹丞，中書郎，守宗正卿。出爲臨川內史，還除黃門郎。

又按：梁書本傳記載蕭子顯爲邵陵王友後，又歷任多種官職，稱「丹陽尹丞，中書郎，守宗正卿。出爲臨川內史，還除黃門郎。」南史本傳僅稱「後除黃門郎」。梁書、南史皆未說明子顯出任此多種官職之年歲，此節文字既置於邵陵王友後，中大通二年前，故定於普通五年至中大通元年間。

中大通二年（西元五三〇年）子顯四十歲，遷長兼侍中。梁武帝甚寶愛子顯才，又嘉美其容態舉止，對答如流。每皇上賜宴，子顯在座，武帝特意造訪。武帝嘗謂已著成通史後，衆史可廢以問子顯，子顯以聖上製作，符同於仲尼讚易道，黜八索，述職方，除九丘，來答對，時人以爲名對。

按：梁書本傳云：

中大通二年，遷長兼侍中。高祖雅愛子顯才，又嘉其容止吐納，每御筵侍坐，偏顧訪焉。嘗從容謂子顯曰：『我造通史，此書若成，眾史可廢。』子顯對曰：『仲尼讚易道，黜八索，述職方，除九丘，聖製符同，復在茲日。』時以爲名對。（註二一）

又南史大同小異，唯「高祖」作「梁武帝」，「嘗從容謂子顯曰」作「嘗從容謂曰」。

中大通三年（西元五三一年），子顯四十五歲，以侍中領國子博士。

按：梁書、南史本傳皆稱「中大通三年，以本官領國子博士」。

中大通四年（西元五三二年），子顯四十六歲，以武帝五經義未列學官，三月六日，侍中領國子博士蕭子顯上表請置孝經助教一人，生十人，專通武帝所釋孝經義。又啓奏撰寫武帝集及普通北伐記。其年遷國子祭酒，又加侍中，於大學次第講述武帝五經義。

梁書本傳云：

高祖所製經義，未列學官，子顯在職，表置助教一人，生十人。又啓撰高祖集，并普通北伐記。其年遷國子祭酒，又加侍中，於學遞述高祖五經義。（註二二）

又南史本傳云：

武帝製孝經義，未列學官，子顯在職，表置助教一人，生十人。又啓撰武帝集并普通北伐記。遷國子祭酒，加侍中，於學遞述武帝五經義。（註二三）

上述引文，梁書、南史本傳置於中大通三年後，中大通五年前，梁書卷三武帝紀下云：

（中大通四年）三月庚午，侍中、領國子博士蕭子顯上表置制旨孝經助教一人，生十人，專通高祖所釋孝經義。（註二四）

又南史卷七武帝紀大同小異，唯「高祖」作「帝」而已。

就上可見蕭子顯上表列武帝經義於學官之時日，爲中大通四年三月庚午；「三月庚午」即指三月六日。其後啓撰武帝集及普通北伐記、遷國子祭酒加侍中、於學遞述武帝五經義諸事，均應在此年。

中大通五年（西元五三三年）子顯四十七歲。二月二十六日，輿駕出大通門，梁武帝行幸同泰寺，設道俗無遮四部大會，自升法座，發金字摩訶般若經題，至三月一日講畢。蕭子顯陪侍講筵，撰御講摩訶般若經序（註二五）。十月五日選爲吏部尚書，侍中如故。

按：梁書、南史本傳均未提及蕭子顯寫作御講摩訶般若經序一事，子顯該序云：

金字摩訶般若波羅蜜經者，蓋法部之爲尊，乃圓聖之極教。………皇上愛重大乘，遨遊法藏，道同意合，眷懷總持，親動王言，妙踰綸綍，導明心之遠筌，標空解之奇趣，乃摛以翠縑，刻爲金篆。………皇太子承萬機暇日，………願聞弘說，殷勤奏請，然後獲從，以中大通七年太歲癸丑

> 二月己未朔二十六日甲申，輿駕出大通門，幸同泰寺發講，設道俗無遮大會。……小臣陪侍講筵，謹立今序。（註二六）

由上可知，梁武帝發講時日，蕭子顯序文稱「中大通七年太歲癸丑二月己未朔二十六日甲申」，中大通僅六年，七年顯誤；「太歲癸丑」係中大通五年。「二月己未朔二十六日甲申」，乃指中大通五年二月初一，干支日爲己未，二十六日，干支日正爲甲申。由此，梁武帝發講日，正爲中大通五年二月二十六日。梁書卷三武帝紀下云：

> 中大通五年二月癸未，行幸同泰寺，設四部大會，高祖升法座，發金字摩訶波若經題，訖于己丑。老人星見。（註二七）

梁書記載大致與蕭子顯序文相同，唯「癸未」，係二十五日，與子顯序文「二十六日」僅差一日。「訖于己丑」，即指發講結束日爲三月一日，據此，蕭子顯寫作御講摩訶般若經序之年歲，當在中大通五年。

又按：梁書本傳稱「中大通五年，選吏部尚書，侍中如故。」南史本傳稱「遷吏部尚書，侍中如故」，並未繫年。又梁書卷三武帝紀云：

> （中大通五年）冬十月庚申，……侍中、國子祭酒蕭子顯爲吏部尚書。就上可見，蕭子顯選爲吏部尚書，在中大通五年冬十月庚申，即指十月五日。（註二八）

中大通六年（西元五三四年），子顯四十八歲。初，梁簡文帝尚爲晉安王時，於普通四年（西元五二三年）至七年（西元五二六年），爲雍州刺史，召萃文士，編撰法寶聯璧。群賢抄掇區分者數歲，歷十年左右，至中大通六年而書成，命湘東王蕭繹爲序。除蕭繹外，作者三十七人，以子顯爲首。

按：蕭子顯參預編撰法寶聯璧事，已見上文生卒年。

中大通六年（西元五三四年）至大同二年（西元五三六年）左右，子顯約四十八歲至五十歲間。

子顯風神灑落，雍容閑雅。酷愛山水，不畏鬼神，撰伐社文以明志。每飲酒數斗，性凝簡，頗以才氣自負，簡慢賓客。爲吏部尚書掌選，見九流賓客，不與交言，唯舉扇一揮而已，縉紳之士竊恨之。然簡文帝素重其爲人，每引子顯會筵。子顯嘗起更衣，簡文對賓客讚子顯爲間出之異人。

按：蕭子顯撰伐社文一事未見於梁書。南史本傳云：

子顯風神灑落，雍容閑雅，簡通賓客，不畏鬼神。性愛山水，爲伐社文以見其志。（註二九）

關於子顯掌選及簡文重其人，梁書本傳云：

子顯性凝簡，頗負其才氣。及掌選，見九流賓客，不與交言，但舉扇一撝而已，衣冠竊恨之。然太宗素重其爲人，在東宮時，每引與促宴。子顯嘗起更衣，太宗謂坐客曰：嘗聞異人間出，今日始知是蕭尚書。其見重如此。（註三〇）

又南史本傳云：

飲酒數斗，頗負才氣。及掌選，見九流賓客不與交言，但舉扇一撝而已，衣冠竊恨。然簡文素重其爲人，在東宮時，每引與促宴。子顯嘗起更衣，簡文謂坐客曰：常聞異人間出，今日始見，知

是蕭尚書。其見重如此。（註三一）

又按：蕭子顯撰伐社文、掌選、簡文重其人諸事，梁書、南史本傳均置於中大通五年爲吏部尙書後，大同三年出爲仁威將軍前；文中稱「掌選、蕭尙書」，可明證蕭子顯正官爲吏部尙書。子顯官吏部尙書在中大通五年十月五日以後，距中大通六年已近，是故，伐社文等事之年歲，定於中大通六年至大同二年間。

大同三年（西元五三七年），子顯五十一歲，出爲仁威將軍，吳興太守。至吳興郡（今浙江省嘉興縣西）不久，卒，享年五十一。梁武發詔，以「神韻峻擧，宗中佳器」而痛惜之，贈侍中、中書令。及葬，又手詔以「恃才傲物，宜謚曰驕」。

按：梁書本傳云：

大同三年，出爲仁威將軍，吳興太守，至郡未幾，卒，時年四十九。詔曰：「仁威將軍、吳興太守子顯，神韻峻擧，宗中佳器。分竹未久，奄到喪殞，惻愴于懷。可贈侍中、中書令。今便擧哀」。及葬請謚，手詔「恃才傲物，宜謚曰驕」。（註三二）

又南史本傳云：

出爲吳興太守。卒時年四十九，詔贈侍中、中書令。及請謚，手敕曰：『恃才傲物，宜謚曰驕』。（註三三）

又按：關於蕭子顯生卒年，上一節已考證爲生於齊武帝永明五年，卒於梁武帝大同三年，享年五十一。

後記：玉臺新詠卷六載有「吳均和蕭洗馬子顯古意六首」，可見蕭子顯曾出任太子洗馬。又隋書卷三十三經籍志二著錄蕭子顯晉史草三十卷，本傳未載，無法考其年代。

【附註】

註一　廣弘明集卷二十二法寶聯璧序、舊唐書卷四十六經籍志上晉史草作者及全漢三國晉南北朝詩全梁詩卷十蕭子顯簡介及先秦漢魏晉南北朝詩梁詩卷十五蕭子顯簡介均作子顯字景暢。

註二　梁書，頁五一一（鼎文書局）。

註三　新校本南史，頁一〇七二（鼎文書局）。

註四　南齊書，頁一一四（國史研究室）。

註五　同註三，頁一六〇（鼎文書局）。

註六　同註二。

註七　同註三，頁一〇七二。

註八　同註二，頁三三、三四、三五。

註九　同註三，頁一八三、一八四。

註一〇　同註六。

註一一　據董作賓二十史朔閏表，就陰曆（農曆）而言。凡下化干支日爲數字次序，皆同。

註一二　同註二，頁二三五。

註一三　同註二。

註一四　同註二，頁五一二。

註一五　南史卷四十二蕭子顯本傳註十四稱：天監十六年始預九日朝宴『十』字各本並脫，據梁書補。按邵陵之封在天監十三年；此云「始預」亦有遲晚意，當爲「十六年」。

註一六　同註二，頁四三一、四三二。

註一七　同註三，頁一三二二、一三二三。

註一八　同註二，頁五一二。

同註三，頁一〇七三。

註一九　新校史記三家注，頁二四九一（世界書局）。

註二〇　漢書，頁二三三八、二三三九、二三四〇、二三四一、二三四二、二三四三。

註二一　同註二。

註二二　同註二。

註二三　同註三，頁一〇七三。

註二四　同註二，頁七六。

註二五　廣弘明集卷二十二，頁十二、十三、十四（臺灣中華書局）。
註二六　同註二五。
註二七　同註二，頁七七。
註二八　同註二，頁七八。
註二九　同註二三。
註三〇　同註一四。
註三一　同註二三。
註三二　同註一四。
註三三　同註二三。

四、著　作

根據可信資料載錄蕭子顯著作者，有梁徐陵玉臺新詠（註一），唐姚思廉梁書卷三十五與唐李延壽南史卷四十二蕭子顯傳（註二），唐魏徵隋書經籍志（註三），唐釋道宣廣弘明集（註四），及其他歷代重要著錄等。茲依四部分述於下：

甲　經部

1.孝經義疏一卷，已佚

隋書卷三十二經籍一。

2.孝經敬愛義一卷，已佚。

隋書卷三十二經籍一。

乙　史部

1.後漢書一百卷，已佚。

梁書、南史。

隋書卷三十三經籍志二。

2.普通北伐記五卷，已佚。

梁書、南史。

3.貴儉傳三卷，已佚。

梁書、南史。

4.晉史草三十卷，已佚。

隋書卷三十三經籍志二。

舊唐書卷四十六經籍志上。

5.南齊書五十九卷，存。

按：梁書、南史本傳、隋書卷三十三經籍志二、新唐書卷五十八藝文志二作「齊書六十卷」，舊唐書卷四十六經籍志上、崇文總目卷二正史類、直齋書錄解題作「齊書五十九卷」，郡齋讀書志第五卷、宋史卷二百三藝文志二、四庫全書總目卷四十五正史類作「南齊書五十九卷」。四庫全書總目提要說：

存五十九卷，亡其一。劉知幾史通、曾鞏敘錄則皆云：八紀、十一志、四十列傳，合爲五十九卷。不言其有闕佚。然梁書及南史子顯本傳實俱作六十卷，則館閣書目不爲無據。考南史載子顯自序似是據其敍傳之詞，又晁公武讀書志載其進書表云：「天文事祕，户口不知，不敢私載。」疑原書六十卷爲子顯敍傳末附以表，與李延壽北史例同，至唐已佚其敍傳，而其表至宋猶存，今又併其表佚之，故較本傳闕一卷也。（註五）

丙　集部

1.文集二十卷，已佚。

梁書、南史。

2.賦：鴻序賦一篇，已佚。

梁書、南史。

3.序：自序一篇，僅存大略。

梁書、南史。

御講摩訶般若經序尚存。

廣弘明集卷二十二。

4.詩：尚有十七首，如下：

日出東南隅行—五言體。

代美女篇—五言體。

燕歌行—五、七雜言體。

春別四首—其中三首爲七言四句，一首爲七言六句詩。

烏棲曲應令三首—七言四句詩。

春閨思—五言四句詩。

詠苑中遊人—五言四句詩。

南征曲—五言四句詩。

陌上桑二首—五言四句詩。

桃花曲—五言四句詩。

按：宋郭茂倩樂府詩作簡文帝詩。（註六）

樹中草—五言四句詩。

按：同上

按：先秦漢魏晉南北朝詩（註七）載錄蕭子顯詩與玉臺新詠有所出入，本文以玉臺新詠為正。又玉臺新詠載錄吳均詩，其中有吳均和蕭洗馬子顯古意六首，可見蕭子顯另有古意詩已佚。

又按：蕭子顯另編撰高祖集，已佚，見梁書、南史。

【附註】

註一　明文書局。

註二　鼎文書局。

註三　國史研究室。

註四　世界書局。

註五　藝文印書館。

註六　里仁書局。

註七　世界書局。

第二節　蕭子顯的文學源流

由現存的文獻中，我們見不到蕭子顯的直接師承，只好從有限的史料裏盡力去窺探促進蕭子顯文學發展的源流。

一、家學的教化

蕭子顯的家族，在魏晉南北朝時，不隸屬於高品的閥閱，而是卑微的寒門。蕭子顯的曾祖父蕭承之，以武功起家，而祖父蕭道成也「少好武事」（註一）；然而包括蕭道成在內的蕭家子弟，卻都能力爭貴游，勤讀經史百家，沐浴文章藝術。

宋文帝元嘉十六年（西元四三九年），「姿表英異」的蕭道成，方十三歲，便到雞籠山，拜劉宋大儒雷次宗爲師，治禮及左氏春秋。南齊書卷一齊高帝紀說：

太祖以元嘉四年丁卯歲生。姿表英異，龍顙鍾聲，鱗文遍體。儒士雷次宗立學於雞籠山，太祖年十三，受業，治禮及左氏春秋。（註二）

又卷四十五衡陽元王道度傳說：

衡陽元王道度，太祖長兄也。與太祖俱受學雷次宗。宣帝問二兒學業，次宗答曰：「其兄外朗，其弟內潤，皆良璞也。」（註三）

南史卷四齊高帝紀也說：

高帝以宋元嘉四年丁卯歲生，姿表英異，龍顙鍾聲，長七尺五寸，鱗文遍體。……儒生雷次宗

立學於雞籠山，帝年十三，就受禮及左氏春秋。（註四）

南齊書卷五十四、南史卷七十五關康之傳，都記載齊高帝好左氏春秋，曾送康之春秋五經。南齊書說：

（康之）……不通賓客。弟子以業傳受。尤善左氏春秋。太祖爲領軍，素好此學，送春秋五經，康之手自點定，並得論禮記十餘條。（註五）

又南史說：

康之……，不通賓客。弟子以業傳受，尤善左氏春秋。齊高帝爲領軍時，素好此學，送本與康之，康之手自點定。（註六）

蕭道成出生儒生，一即位，便力圖革除「晉世以玄言方道，宋氏以文章閒業」，導致庠序不興，儒學衰微的偏失，思欲振興儒業。南齊書卷三十九劉瓛、陸澄傳論說：

江左儒門，參差互出，雖於時不絕，而罕復專家。晉世以玄言方道，宋氏以文章閒業，服膺典藝，斯風不純，二代以來，爲教衰矣。建元肇運，戎警未夷，天子少爲諸生（昊）（端）拱以思儒業，載戢干戈，遽詔庠序。（註七）

按：「建元」爲齊高帝年號，共四年（西元四七九至四八二年）。

蕭子顯的大伯父齊武帝蕭賾，登基後，便承繼他父親的遺志，努力興辦國學，復興儒業。永明三年（西元四八五），他命王儉開學士館，恢復由宋文帝、宋明帝所設立的儒、玄、文、史四部學，南齊書卷二十三王儉傳說：

（永明）三年……是歲，省總明觀，於儉宅開學士館，悉以四部書充儉家，又詔儉以家爲府。（註八）

又南史卷二十二王儉傳說：

（永明）三年……宋時國學頹廢，未暇修復，宋明帝泰始六年，置總明觀以集學士，或謂之東觀，置東觀祭酒一人，總明訪舉郎二人；儒、玄、文、史四科，科置學士十人，其餘令史以下各有差。（註九）

南齊書卷三十九劉瓛、陸澄傳說：

永明纂襲，克隆均校，王儉爲輔，長於經禮，朝廷仰其風，胄子觀其則，由是家尋孔教，人誦儒書，執卷欣欣，此爲彌盛。（註一〇）

又南齊書卷五十九宕昌傳稱：永明三年，武帝賜宕昌王五經集注、論語各一部。

由上可知，在齊武帝的振興下，王儉努力倡導經學，成果斐然，「家尋孔教，人誦儒書，執卷欣欣，此爲彌盛」，儒教興隆之至，眞是魏晉以來所未有。

武帝晚年，往往將朝政委之於文惠太子。文惠太子長茂也致力興學。於永明三年講孝經。常聚合群臣共論經典。南齊書卷二十一文惠太子傳說：

永明三年，於崇正殿講孝經，少傅王儉以摘句令太（子）僕周顒撰爲義疏。五年冬，太子臨國

學，親臨策試諸生……太子以長年臨學，亦前代未有也。（註一一）

永明時代，連六宮都向學。南齊書卷二十裴皇后傳載錄齊武帝以韓蘭英爲博士（註一二），教授六宮書學。

蕭道成好左氏春秋，就經、史、子、集四部分類而言，左氏春秋屬經學，然而就文、史、哲三科分類而言，左氏春秋屬史學。南齊書卷二十一文惠太子稱「初太祖好左氏春秋，太子承旨諷誦，以爲口實」。又卷四十晉安王傳稱武帝「賜子懋杜預手所定左傳及古今善言」。就上二例可知，蕭道成的子孫們，或爲承歡，或爲教育，須誦習左氏春秋。蕭子顯、蕭子雲兄弟的史學成就，可能要歸功於這類史學的教養。

蕭道成不僅博涉經史，又善屬文，南齊書卷二齊高帝紀說：

上少沈深有大量，寬嚴清儉，喜怒無色。博涉經史，善屬文，工草隸書，奕棊第二品。雖經綸夷險，不廢素業。（註一三）

又南史卷四齊高帝紀說：

上少有大量，喜怒不形於色，深沈靜默，常有四海之心。博學，善屬文，工草隸書，奕棊第二品。雖經綸夷險，不廢素業。（註一四）

蕭道成善經史、文章、藝術，除上文足以見證外，南齊書卷二齊高帝紀，蕭子顯贊稱「文藝在躬」。這種文藝的修養，薪傳給他的子孫們，也多孕育文藝的體質。

現存蕭道成的詩共兩首：塞客吟、群鶴詠，均收入全齊詩卷一。塞客吟爲較長的雜言詩，南齊書卷二十八蘇侃傳說：

上在兵中久，見疑於時，乃作塞客吟以喻志曰：……（註一五）

群鶴詠爲仿自吳歌西曲一類短歌體制的五言四句小詩。全齊詩卷一註說：

南史曰：齊高帝鎭淮陰，爲宋明帝所疑。被徵爲黃門郎。深懷憂慮。見平澤有群鶴。命筆詠之。（註一六）

蕭賾也能詩，南齊書卷二十六，王敬則傳稱：「世祖御座賦詩」，又曾仿西曲，作估客樂一首，屬五言四句小詩。（請參閱第四章第四節第二項丁理想詩體）。

至於全齊文所收錄的齊高帝、武帝的文章，凡詔、令、敕、書等文體共四卷，除少數作品外，恐怕大多並非他們兩人的親筆。

另外，蕭道成也能評論文學，雖然留傳的文評記載不多，但是由下引一則史料觀之，蕭道成批評謝靈運詩，深切明快，直指其病。南齊書卷三十五武陵昭王曄傳說：

曄剛穎儁出，工奕棊，與諸王共作短句，詩學謝靈運體，以呈上，報曰：「見汝二十字，諸兒作中最爲優者。但康樂放蕩，作體不辨有首尾，安仁、士衡深可宗尚，顏延之抑其次也。」（註一七）

蕭道成善屬文，影響及於他的子孫們，好文章、有文才者頗衆。除蕭賾外，又如南齊書卷三十五桂陽王傳，曾載錄鄱陽王鏘好文章。

就以蕭道成的第二子蕭嶷一家而言，正如蕭子顯的二哥蕭子恪所稱「文史之事，諸弟備之矣」。梁書蕭子恪傳說：

子恪兄弟十六人，並仕梁。有文學者，子恪、子質、子顯、子雲、子暉五人。子恪嘗謂所親曰：「文史之事，諸弟備之矣，不煩吾復牽率，但退食自公，無過足矣。（註一八）

按：「子質」當作「子範」。梁書卷三十五蕭子恪傳註三：「有文學者子恪子質子顯子雲子暉五人，按本卷有子範無子質，子質當是子範之譌。」

根據梁書卷三十五、南史卷四十二所記載，除蕭子顯外，蕭嶷的子孫們有文學成就者頗多。茲分述如下：

蕭子恪年十二，和從兄司徒竟陵王高松賦，衛軍王儉見而奇之。少亦涉學，頗屬文，隨棄其本，故不傳文集。

蕭子顯的六哥蕭子範，有文才，著千字文，其辭甚美。又撰簡皇后哀策文，文理哀切。其二子滂、確，並少有文章。

蕭子顯的九弟蕭子雲，年十二，齊建武四年，封新浦縣侯，自製拜章，便有文采。以晉代竟無全書，年二十六著成晉書，又撰東宮新記。

蕭子顯的小弟蕭子暉，少涉書史，亦有文才。

蕭子顯二子序、愷並少知名，愷才學譽望，時論以方其父。

由於蕭道成的播種，蕭賾的耕耘，使蕭齊的文學蔚爲大觀，「文思光被」、「才英秀發」，「經典禮章」竟能「跨周轢漢」。梁文心雕龍時序篇說：

暨皇齊馭寶，運集休明，太祖以聖武膺籙，高祖以睿文纂業，文帝以貳離含章，中宗以上哲興運，並文明自天，緝遐景祚。今聖厤方興，文思光被，海岳降神，才英秀發，馭飛龍於天衢，駕騏驥於萬里，經典禮章，跨周轢漢，唐虞之文，其鼎盛乎！鴻風懿采，短筆敢陳；颺言讚時，請寄明哲。（註一九）

蕭齊文學的鼎盛，更在齊武帝永明時代，文學活動繁興。其中最著名爲四大文學集團，除王儉文學集團外，其他三大文學集團的領袖都是蕭子顯的家族。分述如下：

1.蕭嶷文學集團的盟主豫章王蕭嶷，是蕭子顯的父親。蕭嶷出任南蠻校尉時，曾大力興學。歷任多種顯職，曾廣延當代知名文士如樂藹、劉繪、張稷等入閣。他不僅鼓勵當代的文學潮流，更沐化蕭子顯兄弟們，造就他們的文學才華。

2.蕭子良文學集團的盟主竟陵王蕭子良，是蕭子顯的堂兄。他在雞籠山西邸聚集天下知名文士，其最著名者號稱竟陵八友，集學士共編四部要略。

蕭子良敦義愛古（南齊書卷四十本傳），有含眞抱璞的精神（見與劉景蕤書）（註二〇）。南齊書卷四十本傳稱「內外文筆數十卷，雖無文采多是勸戒」。蕭子良的理念與文風，也賦予蕭子顯的文學頗大的影響。

3.蕭子隆集團的盟主隨郡王蕭子隆，是蕭子顯的堂兄。有文才，其父武帝譽爲「我家東阿也」。好辭賦，在荊州數集僚友，如謝朓、王秀之等，都被延攬入閣。

關於上述三大學集團，請參閱第一章第二節。

關於藝術方面，蕭道成善草隸（見上引文），也收藏名書法家筆跡。他曾與宋齊間第一大書法家王僧虔賭書法，並送給王僧虔他所收藏的十一帙古跡。南齊書卷三十三王僧虔傳說：

太祖善書，及即位，篤好不已。與僧虔賭書畢，謂僧虔曰：「誰爲第一？」僧虔曰：「臣書第一，陛下亦第一。」上笑曰：「卿可謂善自爲謀矣。」示僧虔古跡十一袟，就求能書人名。僧虔得民間所有，袟中所無者，吳大皇帝、景帝、歸命侯書……。（註二二）

蕭賾是否能書，史傳未載，然而他頗貴重書法，他的皇孫昭業善隸書，蕭賾下令不許皇孫手跡流出宮外。南齊書卷四鬱林王本紀說：

昭業少美容止，好隸書，世祖勑皇孫手書不得妄出，以貴重之。（註二三）

蕭道成善書法，他的子孫們也頗有繼承這種體性者。如南齊書卷三十五高祖十二王傳中臨川獻王映工左右書，江夏王鋒好琴書。

蕭道成的孫輩，除上引的鬱林王昭業外，單就蕭子顯一家而言，善書法者不少。其中最有成就者，爲蕭子顯的九弟蕭子雲。梁書卷三十五蕭子雲傳說：

子雲善草隸書，爲世楷法，自云善効鍾元常、王逸少而微變字體……其書迹雅爲高祖所重，嘗

論子雲書曰：「筆力勁駿，心手相應，巧踰杜度，美過崔寔，當與元常並驅爭先。」（註二三）

蕭子雲之子蕭特也善草隸（梁書卷三十五、南史卷四十二）。蕭子範之子蕭乾善隸書，得叔父子雲之法（南史卷四十二）。

蕭道成又好音樂、諸雜藝等。南齊書卷二十三王儉傳說：

上曲宴群臣數人，各使効伎藝，褚淵彈琵琶，王僧虔彈琴，沈文季歌子夜，張敬兒舞，王敬則拍張。……儉曰：「臣無所解，唯知誦書。」因跪上前誦相如封禪書。……後上使陸澄誦孝經……。（註二四）

又南史卷二十二王儉傳說：

帝幸樂遊宴集，謂儉曰：「卿好音樂，孰與朕同？」儉曰：「沐浴唐風，事兼比屋，亦既在齊，不知肉味。」帝稱善。（註二五）

由上可見，蕭道成好音樂，與臣下言技藝，觀臣下歌舞，還聽臣下唱吳歌子夜來。

蕭道成的子孫也有好音樂者，如臨川獻王映解聲律，其子子游好音樂，解絲竹雜藝，江夏王鋒好琴書（以上見南齊書卷四十高祖十二王傳）。

蕭子雲也善音律，曾改革沈約所撰郊廟牲牷樂辭十曲（見梁書卷三十五、南史卷四十二）。

蕭道成奕棊第二品（見上引文），其子武陵昭王曄也攻奕棊。（見南齊書卷三十五）

關於宗教方面，蕭子顯家族信佛或與佛教有因緣者頗多，如武帝蕭賾，南齊書卷三武帝紀稱：

大漸，詔曰：「我靈上愼勿以牲爲祭，唯設餅、茶飲、干飯、酒脯而已，……顯陽殿玉像諸佛及供養，具如別牒，可盡心禮拜供養之。應有功德事，可專在中。（註二六）

又豫章王蕭嶷也信佛，南齊書卷二十二豫章文獻王傳稱：

嶷臨終，召子子廉、子恪曰：「後堂樓可安佛，供養外國二僧。」（註二七）

又文惠太子與蕭子良都篤信佛教，南齊書卷二十一文惠太子傳說：

太子與竟陵王子良俱好釋氏，立六疾館以養窮民。（註二八）

蕭子良常招致名僧講論佛法，或施行佛事。南齊書卷四十蕭子良傳說：

招致名僧，講語佛法，造經唄新聲，道俗之盛，江左未有也。……又與文惠太子同好釋氏，甚相友悌。子良敬信尤篤，數於邸園營齋戒，大集朝臣眾僧，至於賦食行水，或躬親其事，世頗以爲失宰相體。（註二九）

除上述諸人外，漢魏兩晉南北朝佛教史尙有記載其他信佛者如：蕭子範、蕭子雲、蕭子暉、臨川王映、長沙王晃、宣都王鑑、晉安王子懋、始安王遙光、巴陵王昭胄等（註三〇）。

蕭子顯自稱「史臣服膺釋氏」（南齊書卷五十四高逸傳論語），他信佛揚佛的思想，主要受到梁代帝王的影響，當文惠太子與蕭子良在永明年間大興佛教時，蕭子顯還是位幼童，然而由於自小所見所聞家族性的信仰，已或多或少在他幼稚的心靈上播下日後信仰的種子。

總覽全文，蕭道成以文武英才，不僅創建帝國，更文飾蕭家的門楣，使代代的子孫們，脫離武夫寒門的卑賤低俗，躍登爲豐華豪貴的文士藝人。蕭子顯在這種宗儒的文藝家庭中成長，傳承他祖父文藝的體質，能詩能文能史，尤其更可貴的是，他儒佛雙修，不僅能致力於掌握傳統，更吸引來自於他的祖父的活潑體性，不排斥被認爲鄭、衛之音的吳歌西曲，使他能在傳統中鑿新，以一位史學家而兼作新變派的文學領袖，這種成就完全要歸功於家學的教化。

【附註】

註一　語見新校本魏書卷九十八島夷蕭道成傳頁二一六一（鼎文書局）。

註二　新校本南齊書頁三（國史研究室）。

註三　同註二，頁七八七。

註四　新校本南史頁九七（鼎文書局）。

註五　同註二，頁九三七。

註六　同註四，頁一八七一。

註七　同註二，頁六八七。

註八　同註二，頁四三六。

註九　同註四，頁五九九五。

註一〇　同註七。
註一一　同註二，頁三九九。
註一二　南史卷十一武穆裴皇后傳韓蘭英作韓蘭英（鼎文書局）。
註一三　同註二，頁三八。
註一四　註四，頁一一三。
註一五　同註二，頁五二八。
註一六　全漢三國晉南北朝詩全齊詩卷一頁七五一（世界書局）。
註一七　同註二，頁六二四、六二五。
註一八　梁書，頁五〇九（鼎文書局）。
註一九　文心雕龍卷九，頁二五（臺灣開明書局范文瀾註本）。
註二〇　漢魏六朝百三名家集南齊蕭竟陵王集頁二八八八（文津出版社）。
註二一　同註二，頁五九六。
註二二　同註三，頁七三。
註二三　同註一八，頁五一五。
註二四　同註二，頁四三五。
註二五　同註四，頁五九三。

註二六　同註二，頁六二。
註二七　同註二，頁四一七。
註二八　同註二，頁四〇一。
註二九　同註二，頁六九八、七〇〇。
註三〇　漢魏兩晉南北朝佛教史第二分第十三章頁四五四、四五五（國史研究室）。

二、沈約的薰陶

現存的史料，無法提供我們了解蕭子顯的師承。除家學的教育外，我們從蕭子顯的事蹟、文論及南齊書等文獻，都可清晰的發現，薰陶蕭子顯最烈，影響蕭子顯最大的人，應是沈約。

按：沈約，字休文，吳興武康人。生於宋文帝元嘉十八年（西元四四一），卒於梁武帝天監十二年（西元五一三年），年七十三。博通群籍，能屬文。歷仕宋、齊、梁三朝，高才博洽，能文能筆，提倡聲律說，爲永明文學領袖。著晉書、宋書、齊紀、高祖紀、邇言、諡例、宋文章志、四聲譜。事蹟見梁書卷十三、南史卷五十七沈約傳。

南齊書卷二十二、南史卷四十二蕭嶷傳，都載錄蕭嶷薨後，他的僚屬要爲他建碑，由劉繪營辦，樂藹與沈約書求文，沈約很謙虛的答書回絕，說：

丞相風道弘曠，獨秀生民，凝猷盛烈，方軌伊、旦。愸遺之感，朝野同悲。承當刊石紀功，傳華千載，宜須盛述，實允來談。……況文獻王冠冕彝倫，儀形寓內，自非一世辭宗，難或與此。約閭閈鄙人，名不入第，欻酬今旨，便是以禮許人，聞命慙顏，已不覺汗之沾背也。（註一）

依照我們的考證，蕭家第一次向沈約求文，沈約之所以回絕，是因爲政治的考量，蕭嶷與文惠太子有隙，蕭嶷之死甚至於被認爲是文惠太子所害（請參閱第一章第一節）。文惠太子長茂之子鬱林王昭業遇刺後，齊明帝篡立，建武中（按：「建武」爲齊明帝第一個年號，西元四九四年至四九七年），蕭子顯的二哥蕭子恪，重向沈約求文，沈約撰齊丞相豫章文獻王碑文（以上見蕭嶷本傳）。（註二）蕭嶷薨後，蕭家兩度向沈約求碑文，可見蕭嶷子孫對沈約的崇拜與敬重。上引沈約答樂藹書，對蕭嶷的讚述，成爲蕭子顯南齊書蕭嶷傳評論的主要來源。如沈約稱蕭嶷「方軌伊、旦」，蕭子顯史論曰：「周公以來，則未知所匹也。」

梁書卷三十五、南史卷四十二蕭子顯傳，都載錄蕭子顯著鴻序賦，尚書令沈約譽爲「可謂得明道之高致，蓋幽通之流也」。沈約爲尚書令，當天監六年至九年（西元五〇七至五一〇年）間。年已六十七歲至七十歲。蕭子顯才二十一至二十四歲，而且官品尚微。沈約將他的鴻序賦，比如班固的幽通賦，除了對他的賞識外，也有長輩鼓勵少小之意。

沈約對蕭子顯這種提攜之情，勢必使蕭子顯更加敬重並研讀他的詩文；因此沈約詩文的風格與思想，都能陶冶比他小四十六歲的蕭子顯，使蕭子顯的詩文或多或少，映現沈約的特質。南齊書列傳中也引用沈約言詞論評，如卷四十七謝朓傳稱：「沈約常云：『二百年來無此詩也。』」；又卷十九五行志引沈約表云：「鳥身備五采，赤色居多。」

本書第四章述及蕭子顯的文論，文學自然觀、聲律論及蕭子顯所擬定的理想詩體等，很顯然的，受到沈約的導引。

在著史方面，沈約撰晉書，蕭子顯著晉史草；沈約在齊世，掌國史，寫起居注，撰齊紀，都成爲蕭子顯南齊書史料的重要來源。

南齊書許多體例都仿自宋書，如宋書、南齊書史論，均用「史臣曰」，宋書首開符瑞志，南齊書也作祥瑞志，宋書列傳，敘事多用帶敘法，關於類序法，宋書較少，南齊書較多。

又趙翼廿二史箚記稱蕭子顯欲仿沈約作自序一卷。（註三）

齊武帝永明五年（西元四八七年），蕭賾敕沈約撰宋書，南齊書卷五十二王智深傳，記載沈約作宋書時，爲阿諛蕭齊，故意報導或捏造劉宋帝王鄙瀆之事，世祖蕭賾曾予以糾正說：

> 世祖使太子家令沈約撰宋書，擬立袁粲傳；以審世祖。世祖曰：「袁粲自是宋家忠臣。」約又多載孝〔武〕、明帝諸鄙瀆事，上遣左右謂約曰：「孝武事迹不容頓爾。我昔經事宋明帝，即可思諱惡之義。」於是多所省除。（註四）

梁武帝蕭衍篡齊，等於消滅蕭子顯的祖父蕭道成所創立的帝國。蕭子顯以一位亡國奴的身份，年方二十餘，竟敢在篡奪自家天下的梁朝，上表啓撰自己祖國的歷史，這種勇氣是如何產生的呢？

當然，蕭衍曾對蕭子恪一家說，自己篡奪的是明帝天下，不是他們家天下，對蕭子恪家而言，蕭衍是爲他們報仇，反而對他們有恩（請參閱梁書卷三十五蕭子恪傳）。這使蕭子顯較無顧忌，也是他敢上表啓撰齊書的原因之一。然而，有一個更重要的因素，可能就是沈約在齊世掌國史，已開始寫作齊紀，蕭子顯害怕由沈約或其他學者撰寫齊史時，會如沈約撰宋書一般，爲諂媚蕭梁，而侮辱他的祖先。因此寧可由他自己著作齊史，較爲安全。所以這部南齊書，成爲我國正史中唯一由亡國者子孫自撰的史書。

【附註】

註一　南齊書、南史文字大同小異，本文以南齊書爲正。

註二　收入漢魏六朝百三名家集沈隱侯集。按：日人鈴木虎雄宋沈休文約年譜，將此篇碑文的著作年代，定在齊武帝永明十年，也就是蕭嶷薨之年。事實上，永明十年蕭家求文，沈約予以回絕，至齊明帝建武中，始撰。

註三　廿二史箚記卷九頁一一九（世界書局）。

註四　新校本南齊書頁八九六、八九七（國史研究室）。

三、衆家齊史的前導

南齊書的源流，除沈約齊紀及起居注外，還有多家的齊史。南齊書卷五十二檀超傳說：

建元二年，初置史官，以超與驃騎記室江淹掌史職。上表立條例，開元紀號，不取宋年。封爵各詳本傳，無假年表。立十志：律曆、禮樂、天文、五行、郊祀、刑法、藝文依班固，朝會、輿服依蔡邕、司馬彪，州郡依徐爰。百官依范曄，合州郡。班固五星載天文，日蝕載五行；改日蝕入天文志。以建元為始。帝女體自皇宗，立傳以備甥舅之重。又立處士、列女傳。詔內外詳議。左僕射王儉議：「金粟之重，八政所先，食貨通則國富民實，宜加編錄，以崇務本。朝會志前史不書，蔡邕稱先師胡廣說漢舊儀，此乃伯喈一家之意，曲碎小儀，無煩錄。宜立食貨，省朝會。洪範九疇，一曰五行。五行之本，先乎水火之精，是為日月五行之宗也。今宜憲章前軌，無所改革。又立帝女傳，亦非淺識所安。若有高德異行，自當載在列女，若止於常美，則仍舊不書。」詔：「日月災隸天文，餘如儉議。」超史功未就，卒官。江淹撰成之，猶不備也。時豫章熊襄著齊典，上起十代。其序云：「尚書堯典，謂之虞書，則附所述，故通謂之齊，名為河洛金匱。」（註一）

上文可見，齊高帝建元二年（西元四八〇），初置史官，以檀超、江淹掌史職，檀超上表立條例，後經內外詳議，採王儉建議，將齊代國史體例討定。然而檀超史功未就，江淹以為修史之難在史志，故先撰齊史十志。又熊襄著齊典，名河洛金匱，上起十代。

按：檀超、熊襄，事蹟見南齊書卷五十二文學傳。江淹，事蹟見梁書卷十四江淹傳。

蕭子顯南齊書的重要前導者，除上述四家外，另有何點齊書、吳均齊春秋。

求弟點，……點謂人曰：「我作齊書已竟，〔贊〕云：「淵既世族，儉亦國華。不賴舅氏，遑卹外家。」（註二）

按：何點，事蹟見南齊書卷五十四高逸傳。

吳均撰齊春秋，屬編年體。梁書卷四十九吳均傳說：

先是，均表求撰齊春秋，書成奏之，高祖以其書不實，使中書舍人劉之遴詰問數條，竟支離無對，敕付省焚之，坐免職。尋有敕召見，使撰通史，起三皇，訖齊代，均草本紀、世家功已畢，唯列傳未就。（註三）

縱觀上述，南齊書的主要前導者，共有沈約、檀超、江淹、熊襄、何點、吳均六家。

【附註】

註一　新校本南齊書頁八九一、八九二（國史研究室）

註二　同註一，頁九三八。

註三　梁書，頁六九八、六九九（鼎文書局）。

四、梁武帝與簡文帝的影響

齊、梁同出一個宗族，據梁書卷一梁武帝紀稱，梁武帝蕭衍的父親蕭順之，爲「齊高帝族弟也」（註一），也就是蕭子顯的祖父蕭道成同族的堂弟。據此，蕭子顯的父親蕭嶷與蕭衍屬同一輩，蕭衍是蕭子顯同宗的堂叔輩。梁武帝蕭衍之子簡文帝蕭綱，與蕭子顯正好是平輩。

蕭衍生於宋孝武帝大明八年（西元四六四年），較出生於齊武帝永明五年（西元四八七年）的蕭子顯，大二十三歲。蕭綱生於梁武帝天監二年（西元五〇三年），比蕭子顯小十六歲。

蕭衍於天監元年（西元五〇二年）立國，蕭子顯才十六歲，至大同三年（西元五三七年），蕭子顯卒，共三十六年間，他活躍在梁武帝一朝，官運順達，沒有任何蹇難。尤其從蕭子顯的事蹟觀之，最榮耀的是得到梁武帝及簡文帝的寵遇。

按：梁武帝中大通三年（西元五三一年）昭明太子蕭統薨前，梁簡文帝爲晉安王，中大通三年以後，拜爲太子。蕭子顯在世時，簡文帝尚未登基。

蕭衍不僅武功彪炳，創建蕭梁帝國，而且是蕭子顯的堂兄蕭子良文學集團中的竟陵八友之一。梁書卷三梁武帝紀下稱「天情睿敏，下筆成章，千賦百詩，直疏便就，皆文質彬彬，超邁今古」。

齊明帝之後，儒學又告衰微，南齊書卷三十九劉瓛、陸澄傳論說：

建武繼立，因循舊緒，時不好文，輔相無術，學校雖設，前軌難追。劉瓛〔成〕〔承〕馬、鄭之〔異〕〔後，一〕時學徒以爲師範。虎門初闢，法駕親臨，待問無五更之禮，充庭闕蒲輪之御，身終下秩，道義空存，斯故進賢之責也。其餘儒學之士，多在卑位，或隱世辭榮者，別見他篇云。（註二）

梁武帝一登基，爲掃除魏、晉浮蕩的玄風，挽救淪歇的儒教，大啓庠學，廣開館宇，置五經博士，大興儒教，梁武帝是南北朝實力提倡經學的帝王。梁書卷四十八儒林傳序說：

高祖有天下，深愍之，詔求碩學，治五禮，定六律，改斗曆，正權衡。天監四年，詔曰：「二漢登賢，莫非經術，服膺雅道，名立行成。魏、晉浮蕩，儒教淪歇，風節罔樹，抑此之由。朕日昃罷朝，思聞俊異，收士得人，實惟醻獎。可置五經博士各一人，廣開館宇，招内後進。」於是以平原明山賓、吳興沈峻、建平嚴植之、會稽賀瑒補博士，各主一館。館有數百生，給其餼廩。其射策通明者，即除爲吏。十數年間，懷經負笈者雲會京師。又選遣學生如會稽雲門山，受業於盧江何胤。分遣博士祭酒，到州郡立學。七年，又詔曰：「建國君民，立教爲首，砥身礪行，由乎經術。朕肇基明命，光宅區宇，雖耕耘雅業，傍闡藝文，而成器未廣，志本猶闕，非以鎔範貴遊，納諸軌度，思欲式敦讓齒，自家刑國。今聲訓所漸，戎夏同風，宜大啓庠斆，博延胄子，務彼十倫，弘此三德，使陶鈞遠被，微言載表。」於是皇太子、皇子、宗室、王侯始就業焉。高祖親屈輿駕，釋奠於先師先聖，申之以讌語，勞之以束帛，濟濟焉，洋洋焉，大道之行也如是。（註三）

蕭子顯宗儒的思想，主要來自於家學，然而身爲梁武帝的臣下，梁武帝提倡儒學，也賦予蕭子顯更大的信心，在南齊書中記載頗多的儒學資料及評論。

蕭子顯信佛揚佛的思想，起自他家族性的信仰，而主要的影響還是來自於梁武帝的信佛倡佛。梁書梁武帝紀載錄梁武帝數度前往佛寺，設四部大會，自講佛經。蕭子顯撰寫御講摩訶般若經序，就是爲梁武帝講經作序（請參閱本章第一節行狀）。

在梁代文論家中，蕭衍、蕭綱父子分別被視爲保守派及趨新派的帝王領袖（註四）。蕭綱倡導輕豔的宮體詩，閭閻少年，爭相仿作，朝野風靡，淫放浮豔。梁書卷四簡文帝紀說：

雅好題詩，其序云：「余七歲有詩癖，長而不倦」然傷於輕豔，當時號曰「宮體」。（註五）

在這唯美文學的風潮裏，蕭子顯也投筆應和，不僅創作宮體詩，更提出「若無新變，不能代雄」（南齊書文學傳論語）的宣言，爲這趨新的文風製造理論的盾牌。然而由現存蕭子顯的宮體詩觀之，他的詩自然清麗，沒有輕豔之詞、妖淫之氣。

永明年代，由沈約所發現的四聲說，到了梁代爲宮體詩人所採用，助長了形式美的過度發展。而保守派的蕭衍，卻雅不好沈約的四聲說，寫作詩文時，不予遵用。蕭子顯提出聲律論時，當然也贊成沈約的四聲說，而卻以自然的韻律「輕脣利吻」，來補救過度的形式聲律。這種調整的步伐，恐怕要歸功於蕭衍的保守了。（請參閱第四章第三節第二項）。

蕭子顯提出文學新變說外，又注意溯源思遠，建立文學傳承的意識，（請參閱第四章第三節一）。這種種不偏不倚，不新不舊的文論，除了蕭衍的傳統觀念給予蕭子顯一些影響外，劉勰文心雕龍的通變觀，也是蕭子顯在新變思潮下，稍作調整的指標。

蕭衍、蕭綱，甚至於蕭衍的第七子梁元帝蕭繹，都愛好吳歌西曲，也喜歡仿作。蕭子顯也愛民歌，仿作民歌，除了受他家族愛好民歌的薰陶外，也受有梁歷代帝王的影響。蕭子顯更進一步提出雜風謠論爲理想詩體的必備條件；其後蕭繹金樓子立言篇稱「吟詠風謠，流連哀思者，謂之文」（註六），眞是善繼志者。

【附註】

註　一　梁書，頁一（鼎文書局）。

註　二　新校本南齊書頁六八六（國史研究室）。

註　三　同註一，頁六六一、六六二。

註　四　周勛初梁代文論三派述要（鼎文書局中國中古文學史等七書）。

註　五　同註一，頁一〇九。

註　六　柯慶明、曾永義編輯中國文學批評史資料彙編―兩漢魏晉南北朝，頁二五一（成文出版社）。

五、古人的匹比

梁書卷三十五、南史卷四十二蕭子顯傳，曾載錄蕭子顯自序一文的大略，文中蕭子顯曾三度自比於古人，其一說：

余爲邵陵王友，忝還京師，遠思前比，即楚之唐、宋，梁之嚴、鄒。（註一）

大概梁武帝普通元年至五年（西元五二〇年至五二四年），蕭子顯出任邵陵王友，隨梁武帝第六子，邵陵王蕭綸，前往江州。普通五年，蕭綸犯事，免官削爵，蕭子顯還京師，用「忝」字，頗有爲友無狀之傷。（請參閱本章第一節丙行狀）

上文蕭子顯用「遠思前比」，從古代的前輩中，找尋與自己相匹配的對象，很肯定的用「即」字來說明自己與「楚之唐、宋」、「梁之嚴、鄒」的遭遇相同。

「楚之唐、宋」，雖然蕭子顯只提出姓，但是很顯然的，這兩人是指先秦楚國的唐勒、宋玉而言。唐、宋二人生卒年不詳，大約是楚頃襄王九年前後的人（註二）。唐、宋二人是戰國末年繼屈原而起的楚辭作家。事蹟見史記卷八十四屈原賈生列傳。引文已見本章第一節丙行狀。

「梁之嚴、鄒」，根據我們的考證，是指漢代去吳之梁的嚴忌、鄒陽。史記卷八十三鄒陽列傳說：

鄒陽者，齊人也。游於梁，與故吳人莊忌夫子、淮陰枚生之徒交。上書而介於羊勝、公孫詭之間。勝等嫉鄒陽，惡之梁孝王。孝王怒，下之吏，將欲殺之。鄒陽客游，以讒見禽，恐死而負

累，乃從獄中上書曰：……，書奏梁孝王，孝王使人出之，卒為上客。（註三）

按：唐司馬貞史記索隱說：

忌，會稽人，姓莊氏，字夫子。後避漢明帝諱，改姓曰嚴。（註四）

又漢書卷五十一鄒陽傳說：

鄒陽，齊人也。漢興，諸侯王皆自治民聘賢。吳王濞招致四方游士，陽與吳嚴忌、枚乘等俱仕吳，皆以文辯著名。久之，吳王以太子事怨望，稱疾不朝，陰有邪謀，陽奏書諫。……吳王不內其言。是時，景帝少弟梁孝王貴盛，亦待士。於是鄒陽、枚乘、嚴忌知吳不可說，皆去之梁，從孝王游。陽為人有智略，忼慨不苟合，介於羊勝、公孫詭之間。勝等疾陽，惡之孝王。孝王怒，下陽吏，將殺之。陽客游以讒見禽，恐死而負累，乃從獄中上書曰：……，書奏梁孝王，孝王使人出之，卒為上客。（註五）

嚴忌、鄒陽本依附吳王濞，吳王濞不聽其勸說，故去吳之梁，與梁孝王遊，其後梁孝王又不納其言。

蕭子顯擇取以文辯著名，在各藩國間勸說無功的唐勒、宋玉、嚴忌、鄒陽來自比，主要目的在為自己辯解，邵陵王任性胡為，殘忍兇暴，自己曾多方勸說，無功而返。唐、宋二人的從容辭令與嚴、鄒二人的文辯直諫，對蕭子顯的史學評論必然是具有影響力的。

其二自序又說：

追尋平生，頗好辭藻，雖在名無成，求心已足。若乃登高目極，臨水送歸，風動春朝，月明秋夜，早雁初鶯，開花落葉，有來斯應，每不能已也。前世賈、傅、崔、馬、邯鄲、繆、路之徒，並以文章顯，所以屢上歌頌，自比古人。（註六）

蕭子顯提出其自比的古人，以文章顯的「賈、傅、崔、馬、邯鄲、繆、路之徒」，共七人，都只說姓。這一節詞句後，蕭子顯又自方賈誼，依此，七人中爲首的「賈」，必然指賈誼無疑。至於其他六人，根據我們通觀自先秦至劉宋的文學家們，最可能者爲漢傅毅、崔駰、馬融、魏邯鄲淳、繆襲、路粹或漢路溫舒。

按：賈誼，洛陽人。約生於漢高祖六年（西元前二〇一年），卒於漢文帝十一年（西元前一六九年）。年三十三。事蹟見史記卷八十四屈原賈生列傳，漢書卷四十八賈誼傳。史記本傳說：

賈生名誼，雒陽人也。年十八，以能誦詩屬書聞於郡中。……（孝）文帝召以爲博士。……是時賈生年二十餘，最爲少。每詔令議下，諸老先生不能言，賈生盡爲之對，人人各如其意所欲出。諸生於是乃以爲能，不及也。孝文帝說之，超遷，一歲中至太中大夫。

賈生以爲漢興至孝文二十餘年，天下和洽，而固當改正朔，易服色，法制度，定官名，興禮樂，乃悉草具其事儀法，色尚黃，數用五，爲官名，悉更秦之法。孝文帝初即位，謙讓未遑也。諸律令所更定，及列侯悉就國，其說皆自賈生發之。於是天子議以爲賈生任公卿之位。絳、灌、東陽侯、馮敬之屬盡害之，乃短賈生曰：「雒陽之人，年少初學，專欲擅權，紛亂諸事。」於是天子後亦疏之，不用其議，乃以賈生爲長沙王太傅。……

賈生既辭往行，聞長沙卑溼，自以壽不得長，又以適去，意不自得。及渡湘水，爲賦以弔屈原。……

……

賈生爲長沙王太傅三年，有鵩飛入賈生舍，止于坐隅。楚人命鵩曰「服」。賈生既以適居長沙，長沙卑溼，自以爲壽不得長，傷悼之，乃爲賦以自廣。……後歲餘，賈生徵見。……居頃之，拜賈生爲梁懷王太傅。……居數年，懷王騎，墮馬而死，無後。賈生自傷爲傅無狀，哭泣歲餘，亦死。（註七）

傅毅，字武仲，扶風茂陵人。約生於漢光武帝建武二十三年（西元四七年），卒於漢和帝永元四年（西元九十二年）後不久。事蹟見後漢書卷八十上傅毅傳。

後漢書本傳說：

（傅毅）少博學。永平中，於平陵習章句，因作迪志詩曰：……。毅以顯宗求賢不篤，士多隱處，故作七激以爲諷。

建初中，肅宗博召文學之士，以毅爲蘭臺令史，拜郎中，與班固、賈逵共典校書。「毅追美孝明皇帝功德最盛，而廟頌未立，乃依清廟作顯宗頌十篇奏之，由是文雅顯於朝廷。

毅早卒，著詩、賦、誄、頌、祝文、七激、連珠凡二十八篇。（註八）

崔駰，字亭伯，涿郡安平人。生年不詳，卒於漢和帝永元四年（西元九二年）。事蹟見後漢書卷五十二崔駰傳。

後漢書本傳說：

駰生駰，年十三能通詩、易、春秋，博學有偉才，盡通古今訓詁百家之言，善屬文。少游太學，與班固、傅毅同時齊名。常以典籍爲業，未遑仕進之事。時人或譏其太玄靜，將以後名失實。駰擬楊雄解嘲，作達旨以荅焉。……

元和中，肅宗始修古禮，巡狩方岳。駰上四巡頌以稱漢德，辭甚典美，文多故不載。帝雅好文章，自見駰頌後，（帝）〔常〕嗟歎之，謂侍中竇憲曰：「卿寧知崔駰乎？」對曰：「班固數爲臣說之，然未見也。」帝曰：「公愛班固而忽崔駰，此葉公之好龍也。試請見之。」駰由此候憲。憲屣履迎門，笑謂駰曰：「亭伯，吾受詔交公，公何得薄哉？」遂揖入爲上客。……及憲爲車騎將軍，辟駰爲掾。憲府貴重，掾屬三十人，皆故刺史、二千石，唯駰以處士年少，擢在其閒。憲擅權驕恣，駰數諫之。及出擊匈奴，道路愈多不法，駰爲主簿，前後奏記數十，指切長短。憲不能容，稍疏之，因察駰高第，出爲長岑長。駰自以遠去，不得意，遂不之官而歸。永元四年，卒于家。所著詩、賦、銘、頌、書、記、表、七依、婚禮結言、達旨、酒警合二十一篇。（註九）

馬融，字季長，扶風茂陵人。生於漢章帝建初四年（西元七十九年），卒於漢桓帝延熹九年（西元一六六年），年八十八。事蹟見後漢書卷六十上馬融傳。

後漢書本傳說：

馬融……爲人美辭貌，有俊才。初，京兆……摯恂以儒術教授，隱于南山，不應徵聘，名重關西，融從其遊學，博通經籍。恂奇融才，以女妻之。……四年，拜爲校書郎中，詣東觀典校秘書。是時鄧太后臨朝，騭兄弟輔政。而俗儒世士，以爲文德可興，武功宜廢，遂寢蒐狩之禮，息戰陳之法，故猾賊從橫，乘此無備。融乃感激，以爲文武之道，聖賢不墜，五才之用，無或可廢。元初二年，上廣成頌以諷諫。……善鼓琴，好吹笛，達生任性，不拘儒者之節。……嘗欲訓左氏春秋，及見賈逵、鄭眾注，乃曰：「賈君精而不博，鄭君博而不精。既精既博，吾何加焉！」但著三傳異同說。注孝經、論語、詩、易、三禮、尚書、列女傳、老子、淮南子、離騷，所著賦、頌、碑、誄、書、記、表、奏、七言、琴歌、對策、遺令，凡二十一篇。（註一〇）

邯鄲淳，一作涼，或作竺，字子叔，或作子禮，穎川人。生於漢順帝陽嘉元年（西元一三二年），卒年不詳，年約百歲。事蹟見後漢書卷八十四曹娥傳注及三國志卷二十一魏書阮瑀傳附邯鄲淳傳。三國志裴松之注引魏略說：

淳一名竺，字子叔。博學有才章，又善蒼、雅、蟲、篆、許氏字指。初平時，從三輔客荆州。荆州內附，太祖素聞其名，召與相見，甚敬異之。時五官將博延英儒，亦宿聞淳名，因啓淳欲使在文學官屬中。會臨菑侯植亦求淳，太祖遣淳詣植。植初得淳甚喜，……及黃初初，以淳爲

博士給事中。淳作投壺賦千餘言奏之，文帝以爲工，賜帛千匹。（註一一）

又後漢書曹娥傳李賢注引會稽典錄曰：

上虞長度尚弟子邯鄲淳，字子禮。時甫弱冠，而有異才。尚先使魏朗作曹娥碑，文成未出，會朗見尚，尚與之飲宴，而子禮方至督酒。尚問朗碑文成未？朗辭不才，因試使子禮爲之，操筆而成，無所點定。朗嗟歎不暇，遂毀其草。（註一二）

按：邯鄲淳又撰笑林一書，爲我國志人小說之祖，書已佚，今存十餘則。

繆襲，字熙伯，東海人。生於漢靈帝中平元年（西元一八四年），卒於魏齊王芳正始六年（西元二四五年），年六十。事蹟見三國志卷二十一劉劭傳附繆襲傳。

三國志本傳說：

劭同時東海繆襲亦有才學，多所述敍，官至尚書、光祿勳。（註一三）

南齊書卷九禮志上，王儉議曾引用繆襲語論郊日及牲色。可見繆襲爲當代名士所敬重。

蕭子顯自序所稱七人中的「路」，最有可能者有二：一爲漢路溫舒，二爲曹魏路粹。茲分述其傳略如下：

路溫舒，字長君，鉅鹿東里人，生卒年不詳，大約爲漢昭帝、宣帝時人。事蹟見漢書卷五十一路溫舒傳。漢書本傳說：

路溫舒……因學律令……又受春秋，通大義……會昭帝崩，昌邑王賀廢，宣帝初即位，溫舒上書，言宜尚德緩刑。「……臣聞秦有十失，其一尚存，治獄之吏是也。秦之時，羞文學，好武勇，賤仁義之士，貴治獄之吏；正言者謂之誹謗，遏過者謂之妖言。故盛服先生不用於世，忠良切言皆鬱於胸，譽諛之聲日滿於耳；虛美熏心，實禍蔽塞。此乃秦之所以亡天下也。……」上善其言，遷廣陽私府長。……溫舒從祖父受曆數天文，以爲漢厄三七之間，上封事以豫戒。成帝時，谷永亦言如此。及王莽篡位，欲章代漢之符，著其語焉。（註一四）

路粹，字文蔚，穎川人。生年不詳。卒於漢獻帝建安十九年（西元二一四年）。事蹟見三國志卷二十一魏書阮瑀傳附路粹傳。裴松之注引典略說：

粹字文蔚，少學於蔡邕。初平中，隨車駕至三輔。建安初，以高才與京兆嚴像擢拜尚書郎。粹後爲軍謀祭酒，與陳琳、阮瑀等典記室。及孔融有過，太祖使粹爲奏，承指數致融罪……融誅之後，人睹粹所作，無不嘉其才而畏其筆也。至十九年，粹轉爲祕書令，從大軍至漢中，坐違禁賤請驢伏法。（註一五）

蕭子顯自比的七人「賈、傅、崔、馬、邯鄲、繆、路」，其中賈誼、傅毅、崔駰、馬融，屬漢代；邯鄲淳、繆襲，屬曹魏。依時代次序而言，繆襲之後的「路」，似乎指曹魏時代的路粹較有可能；可是路粹人品頗有爭議，且又因罪伏誅，蕭子顯拿他自比，似乎又不太可能。

由南齊書觀之，路溫舒是齊梁時代相當被引重的文學家。南齊書中，屢次引用路溫舒的政論，如南齊書卷三十四傳後史臣評論稱「路溫舒云：秦有十失，其一尚存」；又卷二十八記載崔祖思上書稱

「路溫舒言『秦有十失，其一尙在，治獄之吏是也。』；又卷四十八孔稚珪傳稱王植上表曰：「……所以溫舒獻辭於失政，絳侯忼慨而興歎」。由此觀之，蕭子顯以這位傑出的政論家爲典範，似乎比路粹更有可能。至於爲何將路溫舒排列在繆襲之後，除了認爲古人立論有時候未必附和邏輯原則，對於人物的排列，也往往隨意，不合科學條理外，恐怕已難找到答案了。

路粹與路溫舒二人，我們暫時選定路溫舒，是否正確，有待通人。

其三，蕭子顯又自方賈誼，自序說：

天監十六年，始預九日朝宴，稠人廣坐，獨受旨云：『今雲物甚美，卿得不斐然賦詩。』詩既成，又降帝旨曰：『可謂才子。』余退謂人曰：『一顧之恩，非望而至。遂方賈誼何如哉？未易當也。』（註一六）

天監十六年（西元五一七年），蕭子顯才三十一歲，便在稠人廣坐中，獨獨受到梁武帝的賞識，命他作詩，詩成，讚爲才子，這和賈誼，獨爲漢文帝所知遇，年二十餘爲博士，高談闊論於漢文帝與衆老先生之前的風采與寵遇，完全相同。因此，蕭子顯特別於七人中，選取賈誼來自方。

蕭子顯自比的古人，共十一人：唐勒、宋玉、嚴忌、鄒陽、賈誼、傅毅、崔駰、馬融、邯鄲淳、繆襲、路溫舒。他們具有共同的特色：博學、能文辯、善諷諫。蕭子顯提出前四人，替自己辯解，爲友無狀的意向較重；而後七人，卻是他「屢上歌誦」，自比尙友的古代典範。

蕭子顯自比的七子，除繆襲缺乏知遇史料外，其他五人都曾蒙受皇帝或長上的賞識，七子都以文章顯，然而卻都不是只會吟風弄月的柔靡文人，而是具經世致用的才華，能洞見時弊，善於規箴淫政的通人。

蕭子顯是梁代新變派的文學領袖，又是位宮體詩人，他能在宮體詩的華濫風潮中，寫作譏刺時弊陋俗，倡導善良風範的文章，如伐社文、貴儉傳等；又致力於史學，著作後漢書、南齊書等。南齊書的史論卓越，高瞻遠視，洞見弊政淫俗，提出救治之道。凡此種種，都顯示出蕭子顯薪傳自七子的軌跡。

【附註】

註一　梁書卷三十五、頁五一二，新校本南史卷四十二頁都載錄蕭子顯自序文，詞句大同小異，本文以梁書爲正。凡本論文所引自序文同此。梁書、南史皆鼎文書局本。

註二　請參閱中國文學研究，陸和樂著「宋玉評傳」頁三一、三二（明倫出版社）。

註三　新校史記三家注頁二四六九、二四七八（世界書局）。

註四　同註三，頁二四六九。

註五　漢書頁二三三八、二三四三、二三五三（明倫出版社）。

註六　新校本南史卷四十二，頁一〇七三、一〇七四（鼎文書局）。

註七　同註三，頁二四九一、二四九二、二四九六、二五〇二、二五〇三。

註　八　後漢書頁二六一〇、二六一三（明倫出版社）。

註　九　同註八，頁一七〇八、一七一八、一七一九、一七二二、一七二二。

註一〇　同註八，頁一九五三、一九五四、一九七二。

註一一　三國志頁六〇三（明倫出版社）。

註一二　同註八，頁二七九五。

註一三　同註一一，頁六二〇。

註一四　同註五，頁二三六七、二三六八、二三六九、二三七一、二三七二。

註一五　同註一一。

註一六　梁書卷三十五，蕭子顯傳，頁五一二（鼎文書局）。

第三章　蕭子顯的思想

第一節　宗儒、揚佛、抑道的思想

一、宗儒

蕭子顯宗儒的思想，主要來源於他家族宗經尊儒的觀念（請參閱第二章第二節一）。而天監四年（西元五〇五年）梁武帝詔開五館，建立國學，置五經博士，教授五經。種種倡興儒教的措施，爲蕭子顯的宗儒思想，開舖較有利的時代背景。（註一）

南齊書卷三十九劉瓛、陸澄傳論中，蕭子顯扼要的敘述自先秦至蕭齊，儒學盛衰的情況，開宗明義便稱「儒風在世，立人之正道；聖哲微言，百代之通訓。」（註二），以儒家爲人生最高指導原則。其後分述先秦、兩漢、三國、晉宋、蕭齊儒學的盛衰。

關於先秦儒學，蕭子顯認爲孔子逝世後，他的七十二門徒便告乖分，「洙泗既往，義乖七十」。韓非子顯學篇云「世之顯學，儒墨也。儒之所至，孔丘也。墨之所至，墨翟也。自孔子之死也。有子張之儒，有子思之儒，有顏氏之儒，有孟氏之儒，有漆雕氏之儒，有仲良氏之儒，有孫氏之儒，有樂正氏之儒」（註三），這是七十乖分的最好註解。而「稷下橫論，屈服千人」，儒學已產生以學屈人的論辯風氣。

關於兩漢儒學，繼「義乖七十、稷下橫論」之後，蕭子顯提出「專門之學興，命氏之儒起」。蕭子顯將兩漢古、今文學的特點，數語道盡，「石渠朋黨之事，白虎同異之說，六經五典，各信師言，嗣守章句，期乎勿失」。西漢的經文學家，沒有專精的學者，蕭子顯云「西京儒士，莫有獨擅」。而「東都學術，鄭賈先行」，這是說鄭興、賈逵是東漢儒學的先導者。後漢書卷三十六鄭興傳稱「世言左氏者多祖於興，而賈逵自傳其父業，故有鄭、賈之學」（註四），由此可證，「鄭賈先行」，當指鄭興、賈逵無疑。

按：鄭興，字少贛，河南開封人。生年不詳，約卒於漢光武帝建武九年（西元三三年）後不久。好古學，尤明左氏、周官，長於歷數，自杜林、桓譚、衛宏之屬，莫不斟酌。事蹟見後漢書卷三十六鄭興傳。

賈逵，字景伯，扶風平陵人。賈誼之九世孫。生於漢光武建武六年（西元三〇年），卒於和帝永元十三年（西元一〇一年），年七十二歲。逵悉傳父徽之業，弱冠能誦左氏傳及五經本文，以大夏侯尚書教授，雖爲古學，兼通五家穀梁之說。尤明左氏傳、國語，爲之解詁五十一篇。事蹟見後漢書卷三十六賈逵傳。

東漢學術，除鄭興、賈逵先導外，東漢末年的鄭玄康成，「訓義優洽，一世孔門」。其後蕭子顯云「褒成並軌，故老以爲前脩，後生未之敢異」。按：褒成並軌的「褒」，係指與鄭玄並稱的曹褒而言；「成」，係指鄭康成，爲要與曹褒之單名「褒」字對稱，故單言「成」字（註五）。曹褒、鄭玄同見後漢書卷三十五張曹鄭列傳。劉宋范曄鄭玄傳贊曰「玄定義乖，褒修禮缺。孔書遂明，漢章中輟」（註六）。由此可證，「褒成並軌」，當指曹褒、鄭玄無疑。

按：曹褒，字叔通，魯國薛人。生年不詳。卒於漢和帝永元十四年（西元一〇二年）。父充持慶氏禮。褒少篤志，有大度，結髮傳充業，博雅疏通，尤好禮事。博物識古，爲儒者宗。作通義十二篇演經雜論百二十篇，又傳禮記四十九篇，教授諸生千餘人，慶氏學遂行於世。事蹟見後漢書卷三十五曹褒傳。

鄭玄，字康成，北海高密人。生於漢順帝永建二年（西元一二七年），卒於漢獻帝建安五年（西元二〇〇年），年七十四歲。師事京兆第五元先，通京兆易、公羊春秋、三統歷、九章筭術，又從東郡張恭祖受周官、左氏春秋、韓詩、古文尚書。又事扶風馬融。凡玄所注諸經、天文七政論、毛詩譜等百餘篇，爲集古、今文之大成者。事蹟見後漢書卷三十五鄭玄傳。

關於三國儒學，蕭子顯云「而王肅依經辯理，與碩相非，爰興聖證，據用家語」。按：王肅，字子雍，東海郡人。生於漢獻帝興平二年（西元一九五年），卒於魏高貴鄉公甘露元年（西元二五六年），年六十二歲。初，肅善賈、馬之學，而不好鄭氏，采會同異。爲尚書、詩、論語、三禮、左氏解，及撰定父朗所作易傳。肅集聖證論以譏短玄。事蹟見三國志卷十三王肅傳。

由上述王肅本傳可知，王肅爲譏評鄭玄而做聖證論。李威熊中國經學發展史論認爲有人說王肅爲了駁鄭玄，還僞作孔子家語，古文尚書孔傳、聖證論等書，來做爲立論的根據。但王肅之所以非難鄭玄是有其時代意識與個人看法，並引證認爲僞孔傳未必爲王肅所僞撰。（註七）又孔子家語舊題爲周孔丘門人撰，魏王肅註，四庫全書總目提要、張心澂僞書通考曾多方引證似乎孔子家語爲王肅僞撰的可能性很高（註八）。

蕭子顯不知孔子家語可能爲王肅所僞撰，是故云「爰興聖證，據用家語」。

關於江左儒學，就一般而言，江左儒學時興時廢，罕有專家，蕭子顯云「江左儒門，參差互出，雖於時不絕，而罕復專家」。下文分述晉宋與蕭齊儒學狀況。

「晉世以玄言方道，宋世以文章閒業」，「服膺典藝」的風氣不純，晉、宋兩代，儒教衰微。

齊高帝蕭道成，出身儒生，肇建帝國，年號建元。一登基，便思復行儒業，建設庠序，蕭子顯云「建元肇運」、「端拱以思儒業」、「遽詔庠序」。（註九）

蕭道成崩，其子武帝蕭賾即位，年號永明。繼承父志，「永明纂襲，克隆均校」。以「長於經禮」的王儉爲輔相，「朝廷仰其風，胄子觀其則」，因此儒教大盛。「家尋孔教，人誦儒書」，眞是興隆之至。

齊明帝蕭鸞纂曆，雖然「因循舊緒」，而「時不好文，輔相無術」，因此「學校雖設，前軌難追」。

「儒宗義肆」（註一〇）的劉瓛，繼承馬融、鄭玄之後，爲一代師範。雖然皇帝親臨學府，然而對儒士並不禮遇，是故「身終下秩，道義空存」。又「其餘儒學之士，多在卑位，或隱世辭榮者，別見他篇云」。

按：「別見他篇」，係指南齊書卷五十四高逸傳。

南齊書高逸傳載錄，不求名達，不事公侯的隱逸之士。蕭子顯認爲隱遁之士，必須「含貞養素，文以藝業」，「不然與樵者之在山，何殊別哉」。是故蕭子顯選入高逸傳的人物，都是服道儒門的人士，他說：

> 若今十餘子者，仕不求聞，退不譏俗，全身幽履，服道儒門，斯逸之軌操，故綴爲高逸篇云爾。（註一一）

自魏晉儒學衰微，老莊盛行以來，凡隱退之士多屬道家。東晉之後，佛教、道教漸趨流行，隱遁山林者，兼有愛好此二教之人士，如宋劉義慶世說新語棲逸門所載便是。而蕭子顯綴高逸傳，卻少選好老莊、道教、佛教人物，而多取服道儒門者。由此可見蕭子顯宗儒思想之深厚篤實。

又南齊書卷三十二王琨等傳論云「久忘儒藝，專授名家」，蕭子顯洞見自曹魏以來，哲學發展的變遷，隨著清談玄風的興盛，名檢校練名理，精覈名實等談辯方式，使名家漸趨復興，因此蕭子顯云「久忘儒藝，專授名家」，頗有儒學不興的慨歎。

縱觀上述，蕭子顯雖然信佛，但是他中心的思想，仍是儒家。

【附註】

註一　參閱梁書卷四十八儒林傳序頁六六一、六六二（鼎文書局），新校本南史卷七十一儒林傳序頁一七二九、一七三〇（鼎文書局）。

註二　新校本南齊書頁六八六（國史研究室）。凡下引南齊書卷三十九史臣曰頁六八六詞句同此，不復加註。

註三　新編諸子集成韓非子集解顯學第五十頁三五一（世界書局）。

註四　後漢書頁一二一三。（世界書局）

註五　後漢儒者另有成封一人，然而此處之「成」，恐怕仍指鄭康成為宜。古人為求駢整，姓、名、字號由二字構成者，或往往只單取一字，如南齊書卷五十二文學傳論稱「卿雲巨麗」，係指司馬長卿、揚子雲、單稱卿、雲之類均是。因此「康成」，單稱「成」，不足為怪。而且康成年代在曹褒之後，稱褒、成相當合宜。

註六　後漢書頁一二一三。（鼎文書局）。

註七　見李威熊中國經學發展史論第五章第四節二三〇、二三一、二三三。（文史哲出版社）

註八　四庫全書總目卷九十一子部頁一八〇三（藝文印書館）、張心澂偽書通考子部儒家頁六〇八至六一八。（明倫出版社）

註九　同註二，頁六八七。凡下引南齊書卷三十九頁六八七詞句同此，不復加註。

註一〇　同註二，卷三十九頁六八七贊曰。

註一一　同註二，頁九二六。

二、揚佛與抑道

佛教何時傳入中國，說法不一。牟子理惑篇以為東漢明帝時，似乎較為可信（註一一）。魏晉以後，大乘、小乘佛法，宗派林立，至南北朝般若宗大興，漸與儒、道交融（註二）。

道教最原始的起源，要上推至先民的巫術。戰國時期的神仙家言與方術（道術）說，都是道教的先河。東漢末年張陵創五斗米道（天師道），張角創太平道，道教始告成立。（註三）

魏晉以來，佛、道漸趨流傳，西晉八王之亂，皇室東遷，政亂民憂，人命危殆。能解脫苦海，昇天果報的佛教，與能逢凶化吉，養生延年的道教，同時迅速發展，而臻大盛。

到了南北朝，佛、道大競賽，佛道同異、優劣論，成為清談的熱門課題。許多名僧、道士或文人們，更進一步，舉筆著文，加入論戰。

關於佛道同異、優劣等論，大致分為四派：一揚佛派，以齊武帝蕭賾文惠太子蕭長茂、竟陵王蕭子良、明僧紹、梁武帝蕭衍、蕭子顯為代表；二尚道派，以齊孟景翼、顧歡為代表，三佛道合一派，以齊張融為代表；四無神派，以梁范縝為代表。

蕭子顯的大伯父蕭賾臨終，下詔養佛禁道，南齊書卷三武帝紀說：

顯揚殿玉像諸佛及供養，具如別牒，可盡心禮拜供養之。應有功德事，可專在中。自今公私皆不得出家爲道，及起立塔寺，以宅爲精舍，並嚴斷之。（註四）

齊武帝永明年間，蕭子顯的堂兄文惠太子與竟陵王，曾數度聚名僧、道士、文士、講論佛經，並論辯佛、道異同。南齊書卷四十蕭子良傳稱「（蕭子良）招致名僧，講語佛法，造經唄新聲，道俗之盛，江左未有也」（註五）。又卷四十四徐孝嗣傳也稱「子良好佛法，使孝嗣及廬江何胤掌知齋講及衆僧」（註六）。

南齊書卷五十四顧歡傳記載，文惠太子、竟陵王子良並好釋法。孟景翼爲道士，太子召入玄圃園。衆僧大會，子良使景翼禮佛，景翼不肯，子良送十地經與之。景翼造正一論。其正一論以爲老、釋同出於妙一，老、釋未始於嘗分，迷者分之而未合。（註七）

又顧歡傳記載，佛道二家，立教既異，學者互相非毀，顧歡撰夷夏論，以爲佛道齊乎達化，而有夷夏之別，捨華效夷，義將安取？是故以道爲正爲尊。（註八）

南齊書卷五十四高逸傳論蕭子顯反對顧歡夷夏論，優老而劣釋的主張，認爲佛法淵源浩博，無始無邊。又以爲大士之立言，以大苞小，無細不容，具含諸子九流的學說優點。今將南齊書高逸傳論所言九流要旨及相對等的佛家學說，列述於下：

一、儒家：儒家之教，仁義禮樂，仁愛義宜，禮從樂和而已；
　　佛家：今則慈悲爲本，常樂爲宗，施舍惟機，低舉成敬。

儒家：儒家之教，憲章祖述，引古證今，於學易悟；

佛家：今樹以前因，報以後果，業行交酬，連璅相襲。

二、陰陽家：陰陽之教，占氣步景，授民以時，知其利害；

佛家：今則耳眼洞達，心智他通，身為奎井，豈俟甘石。

三、法家：法家之教，出自刑理，禁姦止邪，明用賞罰；

佛家：今則十惡所墜，五及無間，刀樹劍山，焦湯猛火，造受自貽，罔或差貳。

四、墨家：墨家之教，遵上儉薄，磨踵滅頂，且猶非吝；

佛家：今則膚同斷瓠，目如井星，授子捐妻，在鷹庇鴿。

五、縱橫家：從橫之教，所貴權謀，天口連環，歸乎適變；

佛家：今則一音萬解，無待戶說，四辯三會，咸得吾師。

六、雜家：雜家之教，兼有儒墨；

佛家：今則五時所宣，于何不盡。

七、農家：農家之教，播植耕耘，善相五事，以藝九穀；

佛家：今則鬱單粳稻，已異閻浮，生天果報，自然飲食。

八、道家：道家之教，執一虛無，得性亡情，凝神勿擾；

佛家：今則波若無照，萬法皆空，豈有道之可名，寧餘一之可得。

按：高逸傳稱「九流之設」，實則僅八家（按：上文八家九則，儒家有兩則），缺名家。其後稱「刑名道墨，乖心異旨」，法家稱刑名法術之學，刑名指法家。

上述八家要旨，精要明切，平實可用，至於佛家也未弄玄虛，實用通俗，然而佛家之說，是否眞能蘊含諸子九流，恐怕只是理通而已。

蕭子顯認爲佛家，不僅具含九流之教，更超越九流，而達於不可思議難用言象的「神道應現之力，感會變化之奇」。高逸傳說：

道俗對校，眞假將讎，釋理奧藏，無往而不有也。能善用之，即眞是俗。九流之設，用藉世教，刑名道墨，乖心異旨，儒者不學，無傷爲儒；佛理玄曠，實智妙有，一物不知，不成圓聖。若夫神道應現之力，感會變化之奇，不可思議，難用言象。

篤信佛教的梁武帝蕭衍，於天監三年（西元五〇四年）四月八日，向佛發願，舍道事佛，又敕臣下舍道事佛。蕭衍後悔過去耽嗜老子，染此邪法，而今棄迷知返，歸成正覺（註九）。在梁代揚佛抑道的客觀環境裡，蕭子顯的揚佛抑道，也就相當自然，除上述的揚佛思想外，蕭子顯又有抑道的情緒，他說：

而諸張米道，符水先驗，相傳師法，祖自伯陽。（註一〇）

按：「諸張米道」，指張陵、張衡、張魯等，所倡導的五斗米道。三國志卷八魏書張魯傳說：

張魯字公祺，沛國豐人也。祖父陵，客蜀，學道鵠鳴山中，造作道書以惑百姓，從受道者出五斗米，故世號米賊。陵死，子衡行其道。衡死，魯復行之。……魯遂據漢中，以鬼道教民，自號「師君」。其來學道者，初皆名「鬼卒」。（註一一）

蕭子顯是位相當理性的學者，對於「僧尼道士，矛楯相非」，他也看出「非唯重道，兼亦殉利」。蕭子顯也承認佛道本合一，「詳尋兩教，理歸一極」，然而仍須有左右、先後、優劣之分。他以佛爲優，以道爲劣，說：

道本虛無，非由學至，絕聖棄智，以成有爲。有爲之無，終非道本。若使本末同無，曾何等級。佛則不然，具縛爲種、轉暗成明，梯愚入聖。途雖遠而可踐，業雖曠而有期。（註一二）

最後，蕭子顯突然放棄客觀的評判，而改以主觀的情緒云「史臣服膺釋氏，深信冥緣，謂斯道之莫貴也」，以佛教爲最貴，將揚佛抑道的思想，表露無遺。

【附註】

註一　參閱湯錫予魏晉南北朝佛教史第一章第一分頁一（國史研究室）張承宗、田澤濱、何榮昌合編六朝史第八章第三節頁三三四（江蘇古籍出版社）。

註二　參閱趙書廉魏晉玄學探微第十三章（河南人民出版社）。

註三　參閱湯一介魏晉南北朝時期的道教第三章頁七十七（東大圖書公司）。

註四　見新校本南齊書頁六二。（國史研究室）

註五　同上頁六九八。
註六　同註四頁七七二。
註七　同註四頁九三四。
註八　同註四頁九三二。
註九　梁武帝舍事道法詔，見廣弘明集卷四頁二（臺灣中華書局）。
註一〇　同註四頁九四八。
註一一　三國志卷八魏書張魯傳頁二六三（明倫出版社）。
註一二　同註十頁九四七。

第二節　政治思想

一、天命觀

周易繫詞曰「天垂象、見吉凶」（註一），天象映人事，尤其是帝王的興替，古先民更認爲與天命有關。如商頌玄鳥稱：「天命玄鳥，降而生商。……古帝命武湯。……方命厥後，……受命不殆，……殷受命咸宜。……」（註二）南齊書卷二齊高帝紀論，蕭子顯引荀子的話稱「聖人之有天下，受之也，非取之也。」帝王之興，是受之於天，非人力奪取。

蕭子顯對於他的祖父蕭道成受禪，也歸之於天命。南齊書卷一齊高帝紀論說：

是歲（宋順帝昇明元年）太一在杜門，臨八宮，宋帝禪位，不利爲客，安居之世，舉事爲主人，禪代之應也」（註三）

蕭子顯更舉出歷代太一行九宮時，人世間所發生的興廢、存亡、成敗、利害等之史實來論證，如太一九宮占，推漢高五年，太一在四宮，高祖破楚；宋文帝元嘉元年，太一在六宮，徐、傅廢營陽王；宋順帝昇明元年，太一在七宮，袁粲、沈攸之等反，伏誅。（註四）由此更可證，蕭道成代宋，是天命。

按：「太一」，又作「泰一」、「太乙」，爲北辰星名，或北辰神名。大戴明堂篇有明堂九室之說，二九四、七五三、六一八。易乾鑿度曰「太一取其數以行九宮」，鄭玄注云：「太一者，北辰神名也。下行八卦之宮，每四乃還於中央。中央者，地坤之所居，故謂之九宮。天數以陽出，以陰入。陽起於子，陰起於午，是以太一下九宮，從坎宮始。自此而坤宮，又自此而震宮，既又自此而巽宮。所行者半矣，還息於中央之宮。既又自此而乾宮，自此而兌宮，自此而艮宮，自此而離宮。行則周矣，上遊息於太一之星，而反紫宮。」（註五）

數術、星相家將太一配九室、八卦而成太一行九宮之圖象。太一地坤居中央坤宮。太一下九宮依次爲坎一、坤二、震三、巽四，又還息於中央坤五，後又依次行乾六、兌七、艮八、離九，又復歸於坤五。因此太一行二至九宮。凡禍福、成敗，太一行九宮，均可預見其徵兆。

南齊書卷二齊高帝紀論中，蕭子顯以爲有天命者，未必自始即知天命，如漢高帝、漢光武帝等。「蒼梧暴虐，釁結朝野，百性懍懍，命懸朝夕」，天厭水行，人希木德，運實時來，因此使無心於黃屋的蕭道成，而能極大命，創建皇齊。

按：「天厭水行」，指劉宋以水德王，南齊書卷十八祥瑞志稱「宋水德王」（註六），「人希木德」，指繼承劉宋水德者必爲木德。此是蕭子顯借用號稱爲鄒衍所創五德終始說而論。

又南齊書卷二高帝紀贊稱，「於皇太祖，有命自天」（註七），足見蕭子顯具有強烈的天命觀。

蕭子顯的堂叔蕭鸞篡位，蕭子顯也歸之天命。南齊書卷五海陵王本紀，蕭子顯評論說，鬱林王隆昌年號，一如郭璞所稱晉元帝永昌年號，有二日之象。又漢靈帝中平六年（西元一八九年），漢獻帝即位，改元光熹，又改元昭寧、永漢，一年四號。晉惠帝太安二年（西元三〇三年），同年改元永安、永興，一年三號。而鬱林王隆昌元年（西元四九四年），同年爲海陵王延興元年、齊明帝建武元年，一年三號。蕭子顯感慨的批評稱「故知喪亂之軌迹，雖千載而必同矣。」（註八）

又海陵王本紀贊曰「不先不後，遭命是膺。」（註九），也將蕭道成本支帝系的敗亡歸之爲天命。

南齊書卷六齊明帝紀論中，蕭子顯認爲蕭鸞的纂曆，也非本心，「一朝到此，誠非素心，遺寄所當，諒不獲免。」（註一〇）一如左傳昭公十三年，周平王壓紐之徵，必委天命。（註一一）齊明帝也是應天命而來，杖運推公，夫何譏爾。

蕭子顯本著天命觀，不僅未苛責齊明帝篡奪他的祖國，反而在齊明帝紀贊中頌揚蕭鸞稱「高宗傍起，宗國之慶」。（註一二）

關於東昏侯的亡國，南齊書卷七東昏侯紀論中，蕭子顯雖然也有意爲蕭衍避諱，稱「亡德橫流，道歸拯亂，躬當翦戮，實啓太平」。而天意的認定，卻更是牢不可破。「推闇豎之名字，亦天意也。」（註一三），蕭子顯並未多作解說。南史卷五東昏侯本紀稱「東昏以『卷』，『藏』以終之，其兆先徵，蓋亦天所命也」（註一四）。

其他如南齊書卷八和帝紀稱「雖有冥數，徽名大號，斯爲幸矣」（註一五），贊曰「達機睹運，高頌永終」（註一六）。又卷二十一文惠太子傳論稱「武運將終，先期夙殞，傳之幼少，以速顛危，推此而論，亦有冥數矣。」（註一七）凡諸文句，均可顯示蕭子顯的天命觀。（註一八）

【附註】

註一　見周易正義頁一五七。（藝文印書館十三經注疏本）。

註二　見毛詩正義頁七九三（藝文印書館十三經注疏本）

註三　見新校本南齊書頁二四。（國史研究室）

註四　同上。

註五　參閱拙著河圖洛書溯原兼及宋人圖書之學（孔孟月刊第二十三卷第十期）。

註　六　同註三頁三四九。
註　七　同註三頁四〇。
註　八　同註三頁八〇至八一。
註　九　同註三頁八一。
註一〇　同註三頁九二。
註一一　見李宗侗註譯春秋左傳今註今譯下冊頁一一五八（台灣商務印書館）
註一二　同註三頁九三。
註一三　同註三頁一〇八。
註一四　新校本南史卷五頁一六一（鼎文書局）
註一五　同註三頁一一五。
註一六　同上。
註一七　同註三頁四〇二。
註一八　南齊書卷十八祥瑞志、卷十九五行志，也頗有天象應人事的記載，多荒謬虛誕的傳說，本文不取。

二、案法隨科，令貴在行

南齊書卷四十八傳論中，蕭子顯提出對於法令、律文的觀念，至今依然有其價値性。

首先蕭子顯認爲刑法與禮制，爲政時，無法分先後，爲政端簡，貴在晝一。如果刑罰輕重隨時改易，人民就無法適從。

關於律令方面，由於「律令之本，文約旨曠」（註一），「據典行罰」時，如果各自以人情處理，舒寬、慘猛的標準不同，只要律令的文詞有出入，意涵便有增損。

從前治獄的事務，所根據的政令不只一種，後來的主事者，憑藉各人的認定，直接取用成文運用，故「刑開二門，法有兩路」，使辦案的官吏有特權，憑藉各人的喜怒，利用職權，使被判無罪的可能反而是有罪，被判有罪的也有可能是冤枉。

更進一步，蕭子顯認爲辦案絕對不可以同情，稱「下吏上司，文簿從事，辯聲察色，莫用衿府」。申理一些冤案，絕對不可著急，單憑自我判斷，必須「案法隨科」，才能幸無咎悔。

蕭子顯這種「舊尹之事，政非一途，後主所是，即爲成用」、「刑開二門，法有兩路」等理念，正如同韓非子定法篇所稱故法未息，新法又生，先令未收，後令又下，不擅其令，不壹其法，故姦多的觀念。（註二）

蕭子顯認爲以同情心處理罪過，根本不必談獄政；憑藉法律定罪，一點小過錯都犯罪，這是由於所定的法規太嚴密，憲令太煩瑣，律文與法理相違背才造成的。蕭子顯稱「以情矜過，曾不待獄，以律定罪，無細非侃言。蓋由網密憲煩，文理相背」。

蕭子顯相當贊成齊武帝永明年間，寬仁的治道，他說「永明定律，多用優寬，治物不患仁心，見累於弘厚」。

蕭子顯對於律令的看法，最可貴的是提出「爲令貴在必行，而惡其舛雜也」。一套與情理相背，煩雜冗亂的法律，當然無法推行；一套完美詳備的法令，如果空有條文，不能「案法隨科」、「以律定罪」，予以推行，這套法律又有何益？

【附註】

註一　見新校本南齊書頁八四三。除韓非子引文外，下文括號中詞語同此，不復加註。

註二　韓非子集解頁三〇四（世界書局新編諸子集成本）。

三、北伐失利於將率不相救讓，號令不明

蕭子顯的曾祖父蕭承之與祖父蕭道成，在劉宋時代，是防守邊關，抵禦北魏的重要戰將，北伐以達一統，是他們的中心理想。而蕭子顯的父親蕭嶷也隨同他的祖父，征戰南北，爲締建帝國而出生入死。蕭子顯雖有文無武，以文官仕於齊梁，然而前三代父執輩，賦予他使命感，因此他在撰寫南齊書時，相當注意北伐的政論與戰役，適切的提出有助於北伐統一的政論。

南齊書卷五十七魏虜傳論中，蕭子顯相當精要的敘述，自東晉以迄蕭齊北伐的狀況。東晉庾亮、庾翼兄弟分別進至邾城、襄陽而敗反。「褚裒以徐、兗勁卒，壹沒於鄒、魯」（註一），桓溫因平蜀之聲勢，步入咸關。宋武帝也趁北方分裂，屢次北伐。北魏統一江北後，宋文帝元嘉三十年間，數度北伐，均無功而返。宋明帝泰始年間以邊臣外叛，遂亡淮北。

齊高帝建元之初，魏虜南犯，蕭道成遣將北討，克捷。「若前師指日，遠掃臨、彭，而督將逗留，援接稽晚」，「既失事機，朝議北寢」（註二）。齊武帝永明之世，據已成之策，通史往來，因此關禁寧靜，人民安堵。

齊明帝建武初開，獯雄南逼。魏虜彊兵大衆，親自凌殄，朝規懦屈，莫能救禦，致使「沔陽失土，南風不競」（註三）。

蕭子顯縱觀自東晉至蕭齊，北伐失利，先勝後敗，魏虜南侵，屢失疆域的史實，而提出戰事所以不利的主因說：

夫休否之數，誠有天機，得失之迹，各歸人事。豈不由將率相臨，貪功昧賞，勝敗之急，不相救讓？號令不明，固中國之所短也。

上述「將率貪功昧賞，不相救讓」、「號令不明，固中國之所短」，眞是一針見血，直切明快的批判。

又南齊書卷四十七傳論中，稱「晉世遷宅江表，人無北歸之計，英霸作輔，芟定中原，彌見金德之不競也。元嘉再略河南，師旅傾覆，自此以來，攻伐寢議。雖有戰爭，事存保境。（註四）蕭子顯頗有苟延於江南，無力北伐的感慨。

又卷四十四徐孝嗣傳論中，蕭子顯相當贊同徐孝嗣的屯田政策，認為「故宜盡收地利，因兵務食。緩則躬耕，急則從戰。歲有餘糧，則紅食可待」（註五），這是相當確實可行的政策。可惜正如蕭子顯所稱「王無外略，民困首領」，再完善政策也無補於事。

【附註】

註　一　見新校本南齊書頁九九九。（國史研究室）

註　二　同上註頁一〇〇〇。

註　三　同註一卷六頁九三。

註　四　同註一頁八二八。

註　五　同註一頁七八一。

第四章　蕭子顯的文學批評

第一節　雜、純文學分野觀與清談非文學的窺探

一、雜、純文學分野觀

南齊書對於齊世文學家們的錄述，一部份官品較高，名望較大的，採用獨傳的方式，如卷三十六的謝超宗和劉祥，卷三十九的劉瓛和陸澄，卷四十一的張融和周顒，卷四十七的王融和謝脁等；另一部份則採用合傳的方式將十七位文學家們，聚合撰寫成一帙，合稱文學傳。

文學二字連用，首見於論語，先進篇說：

子曰：「從我於陳蔡者不及門也。」德行：顏淵、閔子騫、冉伯牛、仲弓。言語：宰我、子貢。政事：冉有、季路。文學：子游、子夏。（註一）

宋邢昺疏說：

若文章博學則有子游子夏二人也。

「文學」與「德行」、「言語」、「政事」並列爲孔子教育弟子的四門學科，其中文學門學養最優良的是子游、子夏。子游深於禮。（註二），孔子曾讚美子夏「始可與言詩已矣」（註三）；也可能子游、子夏的文學造詣不僅限於五經中的禮與詩，但是單就這兩方面來看，已包括了屬於雜文學範疇的「禮」和純文學範疇的「詩」了。宋邢昺疏將「文學」二字詮釋成「文章博學」，正洞見了先秦至魏晉文學的基本內涵，「文學」的範疇不只限於美文性質的純文學，也涵蘊著學術性質的雜文學。

自先秦迄魏晉，國人對於文學的基本觀念，大體而言，都取「文章博學」的總名（註四）。東漢末年王充「論衡」以「著作者爲文儒，說經者爲世儒。」（註五）

> 三國魏劉卲人物志以「能屬文著述，是謂文章：司馬遷、班固是也。能傳聖人之業，而不能幹事施政，是謂儒學：毛公、貫公是也。」（註六）

這兩位學者最先嘗試著將龐雜博富的儒學或文學加以分類，雖然他們所認知的「文」或「文章」，未必就是精粹的純文學，但是雜、純文學分野的粗淺意識，已由他們的思惟中露出了端倪。

然而能較清澈的明辨雜、純文學異趣的理念，恐怕還要晚到南北朝了。宋文帝元嘉十五年（公元四三八年）立儒、玄、史、文四學（註七）。宋文帝義隆的堂兄臨川王劉義慶，在元嘉年間編撰了「世說新語」，三十六門中首四門，正是孔門四科。其中文學門一百零四條，六十五條以前爲雜文學，六十六條以後爲純文學；這種編排已明晰的宣示雜、純文學的分立（註八）。既是宋文帝義隆的愛臣，又被義隆以叛亂罪誅殺的大文豪范曄，他撰寫後漢書時，不僅繼承了史記、漢書的儒林列傳，而且又分立出文苑列傳；大體而言，儒林列傳是爲雜文學家們立傳，而文苑列傳是爲純文學家們立傳。顯而易見的，范蔚宗的理念中，雜、純文學已經分立（註九）。稍後的宋明帝太始六年（公元四七〇年）初置玄、儒、文、史四科。南齊書卷十六百官志說：

右太始六年，以國學廢，初置總明觀，玄、儒、文、史四科，科置學士各十人。唐李延壽南史宋明帝本紀說法略異，宋明帝置儒、道、文、史、陰陽五部學（註一〇）。

以上種種，都很明顯的傳達出「文章博學」的大文學領界，已漸被劃分；純文學獨立的觀念，已逐步成熟。而眞正爲純文學的獨立建設理論依據的，還要等到貳度異朝後的梁太子蕭統昭明文選序的一番宣言了。昭明太子相當禮貌的將視爲人生指導原則的經書，請出文選的領界，而只重在建立思想體系，不重在文學表達技巧的子書，他也一概不取；對於各類史傳，他又以爲非屬於文學篇翰的本質，大多予以驅逐出境，只留下其中通過沈篤的思想，運用豐蔚的辭藻，能表現出文章詞采和藝術結構美的史傳篇章，也就是所謂「若其讚論之綜緝辭采，序述之錯比文華，事出於沈思，義歸乎翰藻」（註一一）的史傳作品，才可以和他精選出來的詩、賦、騷、令等純文學篇什，共同收入文選中。由此看來，由昭明太子監導，劉孝綽主持的昭明文選編輯小組，已有著把雜文學摒除於純文學外的前進思惟。由齊人梁與蕭統同時代的蕭子顯，是否也有著同軌跡的前進思惟呢？南齊書文學傳「文學」二字所蘊含的是傳統的「文章博學」，或先進的純文學？下文筆者將分析歸納文學傳中人物的文學成就，嚐試著來窺探這些問題。

南齊書文學傳共載錄了十七位文學家，傳主十人，附傳七人，茲依次分述如下：

1.丘靈鞠：少好學，善屬文。宋孝武殷貴妃亡，靈鞠獻挽歌詩三首，帝擿句嗟賞。明帝使著大駕南討紀論。昇明中……時方禪讓，太祖使靈鞠參掌詔策，掌知國史，著江左文章錄序，文集行於世。

2.檀超：少好文學，好言詠。與江淹掌史職，上表立條例。史功未就，卒官。

附傳一人：

熊襄：著齊典，名爲河洛金匱。

3.卞彬：才操不群，文多指刺。作蚤虱賦、蝦蟆賦，文章傳於閭巷。

附傳二人：

諸葛勗：作雲中賦、東冶徒賦。

袁嘏：自重其文，謂人云：「我詩應須大材迮之。」

4.丘巨源：少舉丹陽郡孝廉，爲宋孝武所知。大明五年，敕助徐爰撰國史。明帝即位，使參詔誥，引在左右，元徽初，桂陽王休範以巨源有筆翰，遣船迎之，桂陽事起，使於中書省撰符檄。作秋胡詩。

5.王智深：少從謝超宗學屬文。和宋建平王景素觀法篇。世祖敕智深撰宋紀。袁粲慕荀粲，自改名，智深於是著論。

附傳二人：

袁炳：有文學，著晉書未成。

庾銑：善屬文。

6.陸厥：好屬文，五言詩體甚新變，與沈約書論聲律。文集行於世。

附傳一人：

虞炎：永明中以文學與沈約俱爲文惠太子所遇，意眄殊常。

7.崔慰祖：好學，聚書至萬卷，與從兄慧景、劉孝標、竝碩學。謝朓以爲班、馬復生，無以過此。著海岱志。

8.王逡之：少禮學博文，兼治書御史，參定齊國儀禮，王儉撰古今喪服集記，逡之難儉十一條，更撰世行五卷。建元二年，上表立學，撰永明起居注。年老，手不釋卷。

類序一人：

王珪之：有史學，撰齊職儀五十卷，宋元徽二年，使纂集古設官歷代分職。

9.祖沖之：少稽古，有機思，宋元嘉中，用何承天所制歷，比古十一家爲密，沖之以爲尙疏，乃更造新法。初，宋武平關中，得姚興指南車，有外形而無機巧，每行，使人於內轉之。昇明中，太祖輔政，使沖之追修古法，沖之改造銅機，圓轉不窮，而司方如一，馬均以來未有也。造指南車，造欹器，造安邊論。解鍾律，博塞當時獨絕。以諸葛亮有造木牛流馬，乃造一器，不因風水，施機自運，不勞人力，又造千里船，造水碓磨，又特善筭，著易老莊義釋、論語孝經注、九章造綴述數十篇。

10.賈淵：世傳譜學，（注郭子、昇明中、太祖嘉淵世學，竟陵王子良使淵撰見客譜。淵父及淵三世傳學，凡十八州士族譜，合百帙七百餘卷，該究精悉，當世莫比。永明中，衛軍王儉抄次百家譜，與淵參懷撰定。撰氏族要狀及人名書，竝行於世。

文學家們的成就琳瑯滿目，茲歸納文學類別如下：

1.經學、子學：禮學、士行、論語孝經注、易老莊義釋。

2.史學：晉書、宋紀、戰國史、永明起居注、齊國儀禮、齊職儀、齊典……河洛金匱、海岱志。

譜學：見客譜、十八州士族譜、氏族要狀、人名書。

3.算術：九章造綴術。

4.天文學：新曆法。

5.機器學：造銅錢、指南車、仿木牛流馬造一器、千里船、水碓磨。

6.詩：挽歌詩、秋胡詩、陸厥五言詩。

7.賦：蚤虱賦、蝦蟆賦、雲中賦、東冶徒賦。

8.論：大駕南詩紀論、安邊論。

9.序：江左文章錄序。

10.書：陸厥與沈約書。

11.其他：和「觀法篇」、鍾律、博射、詔誥、詔策、造欹器、注郭子。

由上列的文學項目，不難看出，南齊書文學傳（文學）的範疇相當的龐雜博大，眞是「文章博學」的總會。有屬於雜文學性質的經學、子學、史學、算術、天文學、機器學等，也有屬於純文學性質的詩、賦、論、序、書等。

儘管梁蕭統已經有著雜、純文學分野觀的前進思惟，但是同時代的人們未必都有如此先進的理念。就以「深被昭明太子愛接」（註一二）的昭明太子秘書東宮舍人劉勰來說，他也還沒有這種純文學觀。他所作的文心雕龍，專論文體的篇目有：辨騷、明詩、詮賦、樂府、頌讚、祝盟、銘箴、誄碑、哀弔、雜文、諧隱、史傳、諸子、論說、詔策、檄移、封禪、章表、奏啓、議對、書記等二十一篇。從篇目便可看出文心雕龍「文」這個字的內涵，絕對不只是純文學，而是「文章博學」的總名。其中尤其是書記篇更是包羅萬象，書記篇說：

夫書記廣大，衣被事體，筆劄雜名，古今多品，是以總領黎庶，則有譜籍簿；醫歷星筮，則有方術占試；申憲述兵，則有律令法制；朝市徵信，則有符契券疏；百官詢事，則有關刺解牒；萬民達志，則有狀列辭諺。（註一三）

由上可見，文心雕龍雜文學的範疇，幾乎是天文、地理、人事等無所不包。

與文心雕龍的比較看來，南齊書「文學」內涵的多方性，也就不足爲怪。十七位文學家中，最懷有特殊才學的莫過於殿後的祖沖之和賈淵兩人。

祖沖之是中國最偉大的科學家之一，他擅長於算術、天文學、機器學等。他算出的圓周率是第五世紀世界最精確的圓周率（註一四）。由上列祖沖之的成就可以看出，除科技外還有經學、子學、及純文學的著作。隋書經籍志另載有祖沖之「述異記」十卷（隋書志卷二十八經籍二），今已佚失。如果述異記眞是出於沖之的手筆，那他又是一位志怪小說家。（註一五）。

賈淵是以善譜學而被收入文學傳。魏晉南北朝施行九品官人之法，大凡政治、經濟、社會等各種措施，都以門閥品第爲準則。因此只有精詳的族譜世系才方便運用這套官人之法（註一六）；於是譜學便成爲雜文學的重要項目。試看隋書經籍志名列不少譜學的著作（註一七）。也就不難看出譜學的時代性了。賈淵除譜學外也曾註解過晉郭澄之的志人小說「郭子」。在如此博雜的文學領域裡，祖沖之和賈淵的被選入文學傳，也就不足爲奇了。

事實上，南齊書文學傳最令人驚奇的不是科學家的祖沖之和譜學家的賈淵的被選入文學傳，而是在敘述十七位文學家們的生平後，「史臣曰」下的一節評論文字，也就是那著名的文學傳論。儘管在敘述這十七位文學家時，雜文學家的比例遠比純文學家高，但是蕭子顯在文學傳論中，卻擯落包羅萬象的雜文學不論，而單就純文學立說。文學傳論一起首就說：

文章者，蓋情性之風標，神明之律呂也。

這裡的「文章」二字，蕭子顯是就純文學立言，和曹丕典論論文「蓋文章經國之大業，不朽之盛事，……未若文章之無窮」（註一八）「文章」二字的內涵不同。典論論文「文章」二字仍未免有經學、子學的意味（註一九），而南齊書文學傳論「文章」二字卻專指純文學來說。文學傳論中蕭子顯曾略舉一些文體說：

> 若陳思代馬群章，王粲飛鸞諸製，四言之美，前超後絕。少卿離辭，五言才古，難與爭鶩。桂林湘水，平子之華篇，飛館玉池，魏文之麗篆，七言之作，非此誰先。卿、雲巨麗，升堂冠冕、張、左恢廓，登高不繼，賦貴批陳，未或加矣。顯宗之述傳毅，簡文之摛彥伯，分言制句，多得頌體。裴頠內侍，元規鳳池，子章以來，章表之選。孫綽之碑，嗣伯喈之後，謝莊之誄，起安仁之塵，顏延楊瓚，自比馬督，以多稱貴，歸莊爲允。王褒僮約，束晳發蒙，滑稽之流，亦可奇瑋。

上述的文體，可歸納如下：

1. 四言、五言、七言詩
2. 賦
3. 頌
4. 章表
5. 碑
6. 誄
7. 諧隱文

上列的文體，都是純文學的範疇。文學傳論其他的文體論、文學創作論、詩體論等也都是針對純文學而言的，尤其更可注意的是，文學傳論將結束前，蕭子顯特別提出文人談士相異的理論，這一番話等於宣稱自魏晉以來被視爲文學重要內涵的清談，不是文學，請參看下一小節分析。據此看來，蕭子顯的思惟裏，沒有純文學的理念，是絕對不可能的。

漢司馬遷史記首先爲文學家們建立合傳，名曰儒林列傳（卷一百三十一），包括雜、純文學家。班固漢書傳承史記也稱儒林列傳（卷八十八）。晉陳壽三國志沒有爲文學家們建立合傳。南朝宋范曄後漢書分立儒林列傳（卷七十九上、七十九下）、文苑列傳（卷八十上、八十下）。梁沈約宋書也未替文學家們建立合傳。強烈具有宗儒思想的蕭子顯在創作南齊書時不用儒林、文苑之名，而改採孔子四科之一的「文學」，首先爲正史建立文學傳，開梁書、陳書、隋書、南史、遼史文學傳的先河。

蕭子顯南齊書既以文學名傳，使人不得不聯想起距蕭子顯的時代約一百年左右便已成書的世說新語文學門。世說新語是由劉義慶主編，可能參與編撰的人還有劉義慶所招募來的當代文士袁淑、陸展、何長瑜、鮑照等人。劉義慶編排文學門每一條文句的次第和其他三十五門以時代爲序的原則不同，將文學門分爲兩組，茲分述如下：

甲、前一組：

首「鄭玄在馬融門下」條，起東漢，依時代爲序，至六十五條「桓南郡與殷荊州共談」，迄東晉。此六十五條的文學範疇，歸納如下：

1.經學：易、詩、禮樂、春秋。

2.子學：老子、莊子、惠子、公孫龍子、佛經。

3.清談玄學：有無、才性四本、聲無哀樂、養生、言盡意、夢、旨不至、聖人有情無情、泛言清談。

4.論南北學問。

乙、後一組：

自第六十六條「文帝嘗令東阿王七步中作詩」起曹魏，依時代爲序，至第一百零四條「桓玄下都，羊孚爲袞州別駕」迄東晉。

此三十九條的文學範疇歸納如下：

詩、賦、誄、頌、讚、表、議、論、評潘文陸文、史論、語林名士傳、泛言文才、泛言筆才。

由上述，世說新語文學門所以分爲兩組，原來是前一組爲雜文學，後一組爲純文學。劉義慶主導下的世說新語的編輯小組，存有雜、純文學分野的觀念，是不爭的事實。（註二〇）

總而論之，雖然沒有明顯的證據，可以證明蕭子顯南齊書以文學名傳，是薪傳自世說新語文學門；但是在百年間劉義慶和蕭子顯這兩位學者共同以孔門四科之一的「文學」名篇，也足見我國代代學者才識與智慧相融貫的可喜和可貴，蕭子顯在南齊書文學傳中，敘述十七位文學家們成就時，包括雜文學和純文學兩方面；在文學傳論中，提出各種文學批評理論時，卻專就純文學立言；而且又將「清談」逐出文學的領界。這些點滴的現象，都在開示著：蕭子顯具有雜、純文學分野的觀念。這不就和劉義慶的雜、純文學分立觀遙相呼應嗎?可惜的是劉、蕭兩位學者都沒有提出較明晰、較精詳的雜、純文學分野的理論,所以要後代的學子們單憑這些點滴的現象去際會知音,是很困難的事。因此,悟得我國雜、純文學分野觀的超時代成就,不得不讓稍後的昭明太子蕭統擅美了。

【附註】

註一　論語注疏頁九六(藝文印書館十三經注疏本)

註二　葉師慶炳中國文學史第一講緒論:「子游深於禮,禮記檀弓篇載當時公卿大夫士庶凡議禮弗決者必得子游之言以爲重輕。」(頁一,臺灣學生書局)

註三　論語註疏八佾篇:「子夏問曰:『巧笑倩兮,美目盼兮,素以爲絢兮,何謂也?』子曰『繪事後素』,曰『禮後乎』子曰『起予者商也,始可與言詩已』矣。(頁二六、七,藝文印書館十三經注疏本)

註四　可參考劉師培中國中古文學史宋齊梁陳文學概略(鼎文書局);葉師慶炳中國文學史第一講、第十一講(臺灣學生書局)、劉躍進永明文學研究上編第二節(文津出版社)、王次澄南朝詩研究第一章第一節第一小節(私立東吳大學中國學術著作獎助委員會)

註五　書解篇頁二七四(世界書局諸子集成本)

註六　人物志流業篇頁一〇(世界書局諸子集成本)

註七　宋書卷九十三雷次宗傳,「元嘉十五年,徵次宗至京師,開館於雞籠山,聚徒教授,置生百餘人。會稽朱膺之、潁川庾蔚之並以儒學，監總諸生。時國子學未立，上留心藝術，使丹陽尹何尚之立玄學，太子率更令何承天立史學，司徒參軍謝元立文學，凡四學並建。」（頁二二九三，新校本宋書，鼎文書局）

註　八　劉義慶生於晉安帝元興二年（西元四〇三年），卒於宋文帝元嘉二十一年（西元四四四年）。世說新語大約成書於宋文帝元嘉九年（西元四三二年）至元嘉二十一年（四四四年）間。可參看拙著南北朝著譯書四種語法研究第一章第一節頁一、二、三。（自刊本）。關於劉義慶雜、純文學分觀可參看拙著劉義慶世說雜、純文學分立觀，（孔孟月刊第二十六卷第十期）

註　九　范曄生於晉安帝隆安二年（西元三九八年）卒於宋文帝元嘉二十二年（西元四四五年）。

註一〇　新校本南史卷三宋明帝紀：「（太始）六年……九月戊寅，立總明觀，徵學士以充之。置東觀祭酒、訪舉各一人，舉士二十人，分爲儒、道、文、史、陰陽五部學，言陰陽者遂無其人。」（頁八十二），又卷二十二，列傳第十二王儉傳「宋明帝泰始六年，置總明觀以集學士，或謂之東觀，置東觀祭酒一人，總明訪舉郎二人；儒、玄、文、史四科，科置學士十人。」按：南齊書百官志稱：「右太始六年，以國學廢，初置總明觀，玄、儒、文、史四科，科置學士各十人。」（頁五九五），（鼎文書局），南史王儉傳稱：「儒、玄、文、史」四科，宋明帝稱「儒、道、文、史、陰陽」五部學。南齊書成書較早，兼以時潮觀之，南齊書將玄學位在儒學之前較爲正確。李延壽南史成書於唐朝，受有唐朝統一經學的影響，唐代史學家大都反對玄談，因此南史宋明帝紀五部學改「玄學」爲「道學」將儒學置於四科之首。但「言陰陽者遂無其人」，可能因此沒有成立陰陽科。參看何啓民魏晉思想與談風第十餘波（臺灣學生書局）。

註一一　梁蕭統昭明文選序：「若其讚論之綜緝辭采，序述之錯比文華，事出於沈思，義歸乎翰藻，故與夫篇什雜而集之。」（頁四，廣文書局六臣註文選）

註一二　梁書卷五十劉勰傳：「昭明太子好文學，深愛接之。」（頁七一〇，鼎文書局）

註一三　文心雕龍范文瀾註本卷五頁四二（臺灣開明書店）。

註一四　參考陳安仁中國上古中古文化史第二編第四章南北朝時代之文化祖沖之的介紹頁三七一、三七二（華世出版社）

註一五　參考侯忠義漢魏六朝小說史，南北朝小說上第二章第一小節述異記頁一四五（春風文藝出版社）。

註一六　新校本隋書卷三十三經籍志二：「秦兼天下，剷除舊迹，公侯子孫，失其本繫。漢初，得世本，敘黃帝已來祖世所出。而漢又有帝王年譜，後漢有鄧氏官譜。晉世，摯虞作族姓昭穆記十卷，齊、梁之間，其書轉廣。後魏遷洛，有八氏十姓，咸出帝族。又有三十六族，則諸國之從魏者；九十二姓，世爲部落大人者，並爲河南洛陽人。其中國士人，則第其門閥，有四海大姓、郡姓、州姓、縣姓。及周太祖入關，諸姓子孫有功者，並令爲其宗長，仍撰譜錄，紀其所承。」（頁九九〇，國史研究室）

註一七　新校本隋書卷三十三經籍志二著錄許多譜學著作，如：「齊帝譜屬十卷」．「百家集譜十卷」，「百家譜三十卷」，「百家譜集鈔十五卷」等（國史研究室）

註一八　曹丕典論論文：「蓋文章經國之大業，不朽之盛事，年壽有時而盡，榮樂止乎其身，二者必至之常期，未若文章之無窮」。（頁二二，正中書局許文雨文論講疏）

註一九　曹丕典論論文曾引：「故西伯幽而演易，周旦顯而制禮，不以隱約而弗務，不以康樂而加思，夫然則古人賤尺璧而重寸陰，懼乎時之過已。而人多不強力，貧賤則懾於飢寒富貴則流於逸樂遂營目前之務，而遺千載之功，日月逝于上，體貌衰于下，忽然與萬物遷化，斯志士之大痛也。融等已逝，唯幹著論，成一家言」（同上，頁二二、二三）。按：文王演易周公制禮為經學、徐幹中論為子學。

註二〇　見註八。

二、清談非文學

南齊書文學傳「史臣曰」下提出許多文學論見，其中最後一項說：

文人談士，罕或兼工。非唯識有不周，道實相妨，談家所習，理勝其辭，就此求文，終然翳奪。故兼之者鮮矣。

上述的文句，可以歸納出下列幾個概念：

1. 很少人能兼有文人與談士兩種體性。
2. 文人、談士難以兼工的原由，不僅因為二者的識見各有偏向，不夠周全；更由於表達文學與清談的道術——方式彼此相反的緣故。
3. 談士習用理勝其辭的表達方式。

4.就這種理勝其辭的清談中，去尋求文學的成份，結果必然是淹滅不能取得的。

5.因此，很少人能兼有文人與談士兩種體性。

這些概念主要在傳達一個中心意旨：理勝其辭的清談。沒有文學的本質。有些學者以爲南齊書文學傳論這段辭語如同劉勰或鍾嶸評及江左玄理詩（玄言詩）的看法。（註一），事實上這不完全正確。

文心雕龍明詩篇說：

江左篇製，溺乎玄風，嗤笑循務之志，崇盛亡機之談，袁孫以下，雖各有雕采，而辭趣一揆，莫與爭雄，所以景純仙篇，挺拔而爲俊矣。

又時序篇說：

自中朝貴元，江左稱盛，因談餘氣，流成文體。是以世極迍邅，而辭意夷泰，詩必柱下之旨歸，賦乃漆園之義疏。（註二）

鍾嶸詩品序說：

永嘉時，貴黃老，稍尚虛談。於時篇什，理過其辭，淡乎寡味。爰及江左，微波尚傳，孫綽、許詢、桓、庾諸公，詩皆平典似道德論，建安風力盡矣。（註三）

蕭子顯論談士理勝其辭的看法，和上述三段引文「辭趣一揆」、「辭意夷泰」、「理過其辭」、「淡乎寡味」、「詩皆平典似道德論」等文句完全相似；但是蕭子顯的這段話語卻絕對不是專門針對江左玄理詩說的，因爲在文學傳論中敘及五言詩體的演進時，曾有另外一段詞語明示江左玄理詩的情況，說：

江左風味，盛道家之言，郭璞舉其靈變，許詢極其名理，仲文玄氣，猶不盡除，謝混情新，得名未盛。

這段辭句才眞正相似於劉勰或鍾嶸對江左玄理詩的看法。文學傳論不稱「詩人與談士」而稱「文人與談士」；雖然文人可以涵括詩人，但是根據上述的理由，這段辭句恐怕還是廣泛的就文章著稱的「文人」，和以清談顯世的「談士」之間的差異而立言的。

南齊書文學傳論自「文章者，蓋情性之風標，神明之律呂也。」起文，首論文章的定義、蘊思、落筆，兼及文學批評論著；次論屬文之道，兼及文體論；三論五言詩體的演進，兼及近世詩體三派；最後提出自己所認定的理想詩體。文至「輪扁斲輪，言之未盡」，已經成爲一篇簡要的完整論著，而且語氣已經終結（註四）。突然詞鋒一轉，引入「文人」、「談士」相異的看法。蕭子顯不惜破壞論文結構的嚴密性，寫上這一小節文句，他似乎要補充說明什麼。他能否藉此再傳達出更前進的思惟呢？

當我們細審南齊書文學傳時，會很驚訝的發現，從魏晉以來，便流行在朝野帝王名士間的清談玄風，竟然沒有侵襲文學傳；也就是蕭子顯所敘述的十七位文學家，沒有一位是擅玄言、喜談義的。反觀南齊書文學傳以外的其他各傳，卻載錄了不少的談風資料，如：

淵涉獵談議，善彈琵琶。（卷二十三褚淵傳）

玄載夷雅好玄言……。（卷二十七王玄載傳）

世隆少立功名，晚專以談義自業。善彈琴，世稱柳公雙璅，爲士品第一。常自云馬矟第一，清談第二，彈琴第三。（卷二十四柳世隆傳）

岱少與兄太子中舍人寅、新安太守鏡、征北將軍永、弟廣州刺史辨俱知名，謂之張氏五龍。鏡少與光祿大夫顏延之鄰居，顏談議飲酒，喧呼不絕；而鏡靜翳無言聲。後延之於籬邊聞其與客語，取胡床坐聽，辭義清玄，延之心服，謂賓客曰：「彼有人焉。」由此不復酣叫。（卷三十二張岱傳）

吏部尚書袁粲言於帝曰：「臣觀張緒有正始遺風，宜爲宮職。……」，緒善言，素望甚重。……緒長於周易，言精理奧，見宗一時……緒口不言利，有財輒散之。清言端坐，或竟日無食」。（卷三十三張緒傳）

鑠好名理。（卷三十五桂陽王鑠傳）

建武四年，病卒。年五十四。遺令建白旌無旒，不設祭，令人捉麈尾登屋復魂。……融玄義無師法，而神解過人，白黑談論，鮮能抗拒。（卷四十一張融傳）

按宋文帝元嘉初年釋慧琳作白黑論（又名均善論），後來何承天、宗炳、顏延之加入論戰，這種佛道儒思想的爭辨就稱爲白黑論（註五）

宋明帝頗言理，以顯有辭義，引入殿內，親近宿直。……顯音辭辯麗，出言不窮，宮商朱紫，發口成句。汎涉百家，長於佛理。……每賓友會同，顯虛席晤語，辭韻如流，聽者忘倦。兼善

老、易，與張融相遇，輒以玄言相滯，彌日不解。（卷四十一周顒傳）

象少有風氣，好屬文及玄言。（卷四十八袁彖傳）

永明末，京邑人士盛爲文章談義，皆湊竟陵王西邸。繪爲後進領袖，機悟多能。時張融、周顒竝有言工，融音旨緩韻，顒辭致綺捷，繪之言吐，又頓挫有風氣。時人爲之語曰：「劉繪貼宅，別開一門。」言在二家之中也。（卷四十八劉繪傳）

慧景稱宣德太后令廢帝爲吳王……慧景以大事垂定，後若更造，費用功力，不從其計。性好談義，兼解佛理，頓法輪寺，對客高談。恭祖深懷怨望。……慧景眾情離壞，……單馬至蟹浦，爲漁父所斬。（卷五十一崔慧景傳）

僧紹長兄僧胤，能玄言。（卷五十四高逸傳、明僧紹傳附僧胤傳）

吳苞字天蓋……儒學，善三禮及老、莊。宋泰始中，過江聚徒教學。冠黃葛巾，竹麈尾，蔬食二十餘年。（卷五十四高逸傳、吳苞傳）

綜觀上述「江左羣談，惟玄是務」（文心雕龍論說）的盛況。已可略窺一豹。其中最離奇的是卷五十一崔慧景傳。這位「年宿位重」（南齊書本傳語），善戰英勇，「性好談義，兼解佛理」的大將軍，當他起兵反叛東昏侯，大軍攻入京城後，正當關係存亡成敗之際，他竟然不速定大局，反而「頓法輪寺，對客高談。」致使政府軍反攻，他轉勝爲敗，落得「衆情離壞」、「單馬至蟹浦，爲漁父所斬」。這種英雄難過清談關的迷惑，眞不亞於賭徒的鬼迷心竅。南齊書卷三十三王僧虔傳後，蕭子顯特別載錄了王僧虔的戒子書；書中攻訐宛如賭射的清談，說：

知汝恨吾不許「汝」學，欲自悔厲，或以闔棺自欺，或更擇美業，且得有慨，亦慰窮生。但亟聞斯唱，未覩其實。請從先師聽言觀行，冀此不復虛身。吾未信汝，非徒然也。往年有意於史，取三國志聚置床頭，百日許，復徙業就玄，自當小差於史，猶未近彷彿。曼倩有云：「談何容易。」見諸玄，志為之逸，腸為之抽，專一書，轉誦數十家注，自少至老，手不釋卷，尚未敢輕言。汝開老子卷頭五尺許未知輔嗣何所道、平叔何所說，馬、鄭何所異，指例何所明，而便盛於麈尾，自呼談士，此最險事。設令袁令命汝言易，謝中書挑汝言莊，張吳興叩汝「言」老，端可復言未嘗看邪？談故如射，前人得破，後人應解，不解即輸賭矣。且論注百氏，荊州八袠，又才性四本，聲無哀樂，皆言家口實，如客至之有設也。汝皆未經拂耳瞥目。豈有庖廚不脩，而欲延大賓者哉？就如張衡思侔造化，郭象言類懸河，不自勞苦，何由至此？汝曾未窺其題目，未辨其指歸；六十四卦，未知何名；莊子眾篇，何者內外；八袠所載，凡有幾家；四本之稱，以何為長。而終日欺人，人亦不受汝欺也。

王僧虔出身於江左第一富貴家族的瑯琊臨沂王室，父曇首是劉宋名士，祖珣、曾祖洽、高祖導，都是東晉名士。尤其他那位倜儻風流的高祖父王導，號稱江左管夷吾，當五胡亂華時，他憑藉著政治才華，輔佐晉元帝穩定了東晉半壁江山，免除整個中國淪入五胡之手的危機；而且他更是東晉的清談領袖之一，東渡後，他專談聲無哀樂、養生、言盡意三理而已（註六），這三理到了南北朝依然是清談的中心課題。這位手握麈尾、貴極一時，蔭及數世的烏衣巷主人，萬萬沒有料到，才過了四代，他的玄孫王僧虔，竟然產生這麼大的反動，將清談視同賭博一類的遊戲，不讓子弟學習。

南齊書本傳稱王僧虔「永明三年薨……時年六十」南齊武帝永明三年，正當西元四八五年，上推王僧虔的生年，當在宋文帝元嘉三年（西元四二六年）。王僧虔俯仰的宋齊之世，正是繼東晉之後，既承先又要思變的時代。南齊書卷三十九劉瓛、陸澄傳論說：

> 儒風在世，立人之正道；聖哲微言，百代之通訓。……江左儒門，參差互出，雖於時不絕，而罕復專家。晉世以玄言方道，宋氏以文章閒業，服膺典藝，斯風不純，二代以來，爲教衰矣。建元肇運，戎警未夷，天子少爲諸生，（昊）〔端〕拱以思儒業，載戢干戈，遽詔庠序。永明纂襲，克隆均校，王儉爲輔，長於經禮，朝廷仰其風，胄子觀其則，由是家尋孔教，人誦儒書，執卷欣欣，此焉彌盛。建武繼立，因循舊緒，時不好文，輔相無術，學校雖設，前軌難追。

蕭子顯稱「宋世以文章閒業」，又南齊書劉繪傳稱「永明末，京邑人士盛爲文章談義」（見上引劉繪傳），純文學由元嘉體蛻變爲永明體，在談風的侵襲下，江左儒學，雖游息不斷，但是也缺乏專精。出生於大儒雷次宗之門的齊高帝蕭道成，一即位，便提倡儒學；加上他兒子齊武帝蕭賾的努力，使儒學漸盛。蕭齊開國時，王僧虔正好五十四歲，以這種成熟的盛年，親身見到這種「盛於麈尾，自呼談士」自欺欺人的模樣，難怪他會產生如此深刻的省思。

事實上，承繼晉代玄風熾熱，儒學蒼涼後的劉宋王朝，已經在努力調整儒學和玄學的地位，宋武帝永初三年（西元四二二年）曾下詔興學（註七）。宋文帝元嘉十三年（西元四三六年），以何尙之爲丹陽尹，立宅南郭外，置玄學，教授生徒，號稱南學。（註八）。元嘉十五年（西元四三八年），正式置儒、玄、史、文四學，以儒學監總諸生，儒學在玄學之上（註九）。宋明帝泰始六年（西元四七〇年）置玄、儒、文、史四科，玄學一躍而登四科之首。（註一〇）

反觀南齊書文學傳十七位文學家們的成就，都在儒、文、史三方面，沒有玄言的記錄，也沒有玄學的撰述。南齊書，南史祖沖之傳，都記載祖沖之著有易老莊義釋（或易老莊義）（註一一），今書已佚。從表層看來，這本書似乎是易老莊三玄的義疏；但是不論南齊書或南史都沒有祖沖之喜談義，善玄學的紀錄。他是一位科學家，恐怕這部書和推理入玄，窺究深邃精微的玄遠之學不同，因此我們可以說，南齊書文學傳只載錄了儒、文、史三科的文學家，沒有玄科的學者或談家。

清談與玄學是一是二，是分是合，學者看法分歧（註一二）趙書廉魏晉玄學探微說：

由上可見，所謂善談「玄言」、「玄論」、「玄理」者，系專指善談老莊道家思想而言，不得成別的解釋。東晉時把老、莊、易稱爲「三玄」，清談即議論這三部書的內容。對此，多數學者看法一致，如說：「玄學崇尚老莊」、「玄學是屬於道家流派的一個哲學派別」。所見甚是……總之，魏晉人對清談、玄學、名理等詞在使用上是有明顯區別的，清談一詞，既非專指玄學，亦非專指名理，也非專指臧否人物，它包含的內容要廣泛得多。事實上，清談一詞是對玄學、名理、臧否人物等各種思想流派談說論辨行爲的總稱。（註一三）

魏晉玄學探微的看法非常正確，只是認為玄學是道家流派的說法，恐怕還要商榷。

清談或稱清言、清論、清辯、微言、玄言、玄談、談玄、談論、談講、談義、談議、談戲、談詠、雅談、雅詠、理詠、言詠、言談、言論、講論等，或單用談、言、語、論、說、道、戲等。（註一四）

先秦諸子首開論辯之習，孔子以微言的理思贊述春秋，荀子稱：「春秋之微也」（註一五）；微言大義成為治春秋者探求的中心。漢武帝罷黜百家，建立五經博士，帝王博士們說解經旨，論辯經義，不僅春秋經講求微言大義，更擴及其他各經，也在追尋言內言外的精微意旨。道家、陰陽者流的天人感應、陰陽五行、五德終始、災異法象等思想，也被一些外穿儒服，內著道袍、陰陽裝的所謂今文學家導入儒家的鴻溝裡，合流共通；這使儒家的微言大義，更加的深邃（註一六），也更加的穿鑿附會，有些經說還被利用在政教的目的上。自西漢末年到東漢，讖緯之說大興，這是懷抱著兩分道家，八分陰陽家的假儒者，公然宣揚上述道家、陰陽家的思想，造作許多符讖緯書（註一七），來彰顯儒經的微言幽旨，說是五經的輔翼，為野心的帝王、政客們的政教企圖作釣餌。東漢的古文學家一掃今文學家微言大義的穿鑿附會，也清除讖緯的詭譎虛妄，以信實的態度逐字逐句為儒經作訓詁章句。但是不論今文學家的微言大義，或古文家的訓詁章句，說解訓詁時，動輒千言萬語，各依師法、家法，甚至彼此攻難，論辯不休。

東漢光武帝為了匡正王莽篡位時，士子無操守的缺失，特別提倡氣節，尊寵隱遯之士，使在野人士能自由的批評朝政，於是士族們聚衆會談，清議朝政的風氣大開。為了推舉人才，在清議朝政中，勢必需要賞評人物，選優汰劣。東漢末年桓帝、靈帝的兩次黨錮之禍，使參預在外戚宦官鬥爭中的名士們，或死或關或逃。士族們再也不敢清議朝政，而「月旦評」一類品藻人物的活動卻更加興盛。（註一八）既然品藻古今人物，自然兼及談論跟古今人物有關的著作、思想等。加以國土的分崩離析，胡虜的侵擾騷動，政局的紛亂不寧，社會的遽變不安，士族們動輒得咎，命在旦夕；因此只能不務實務，苟且偷生，痲木於聚眾虛談，放達任誕了。於是論辯、清議，轉成了名辯、清談；經義的說解，字句的訓詁，也變成了名理的通疏，玄論的精覈；微言大義的講求，搖身一變，化爲玄理妙語的尋索。文心雕龍論說篇說：

魏之初霸，術兼名法；傅嘏王粲，校練名理。迄至正始，務欲守文；何晏之徒，始盛元論。於是聃周當路，與尼父爭途矣。

明察秋毫的劉勰，眞是洞見清談玄論的淵源，是兼蘊儒、道、名、法四家的。法家刑名、名家的辯名、儒家的正名相結合，產生了清談的名辯方式（註一九），對一個命題反覆的往深層廣度辯析，動則數百千萬語，這和今文學家的微言大義及古文家的訓詁章句眞有異曲同工之妙。老子道德經說：

道可道非常道，名可名非常名。（註二〇）

又莊子外物篇說：

荃者所以在魚。得魚而忘荃，蹄者所以在兔。得兔而忘蹄。言者所以在意。得意而忘言。吾安得夫忘言之人而與之言哉。

又寓言篇說：

言無言終身言，未嘗不言。終身不言。未嘗不言。（註二一）

既然「道可道非常道，名可名非常名」，那麼「無言」、「忘言」，正是使言不落實，讓意旨能往高度昇華的不二法門（註二二）。既要名言之辯，又要無言之辯，那只有求玄言虛勝，祖尚玄虛一途了。就是這個「玄虛」，將我國的哲學推引到形而上的思辯上；憑著這個思辯，能悟得前人所不能悟得的精微義理，突破古、今文家的師法、家法，拔出新理來（「新理」二字，便是清談所以大異其趣於古、今文家的主要基因）。

三國魏明帝太和年間（按：「太和」共六年，西元二二七至二三二年），「曇尙玄遠」的荀粲到洛陽來，和「善言虛勝」的傅嘏清言，首開談風（註二三）。十多年後，齊王芳正始年間（按：「正始」共九年，西元二四〇至二四八年）何晏、王弼主述易老莊（註二四），大力倡導玄風，於是清談漸趨流行。事實上，初期的談家之所以清談的主要目的，是要爲他們心目中的「聖人」（指孔子），「聖教」、「名教」（指儒家、儒教）來補足闕如而設的（註二五）。孔子所不言的「性命與天道」（註二六），成爲初期談家想補闕的第一目標，（註二七）；易、老、莊三部書，正是補足這種闕如的最佳選擇。其中表達宇宙萬物所以化生的本體論問題——「無」與「有」，首先成爲談坐中流行的課題（註二八）。「無」與「有」，老子稱爲二玄，「玄之又玄」，衆妙之門（註二九）是哲學思惟中所追求的最高智慧；於是推理入玄已達大妙的境界，便成爲反覆談辯所要捕捉的最高理思。

詩品序說「永嘉時貴黃老」，文心雕龍「江左篇製，逆乎玄風」（明詩）。按：「永嘉」爲晉懷帝年號，共五年（西元三〇七至三一一年）。自西晉末年至東晉，是玄風最盛的時期，清談的內容也不斷的在拓寬。除品藻人物（註三〇）及易老莊三玄，如易象、逍遙遊、齊物論、漁父等外，其他如史記、漢書、白馬論、旨不至、惠子、聲無哀樂、養生、言盡意、感應、夢、鬼神等，都是談坐的熱門話題（註三一）。文心雕龍又稱「江左羣談，唯玄是務；雖有日新，爲抽前緒矣」（論說），東晉一代，除「抽前緒」——繼承前人的談題外，還有「日新」的表現。其中最可注意的是，名僧如支遁、竺法深、于法開、提婆等登上談坐，佛經、佛理如小品、阿毗曇、三乘佛教等的加入清談的題庫，玄與佛的融貫使析理更精微、更玄妙了。（註三二）

宋、齊、梁、陳四代，玄波仍傳，玄學還數度明列於學官。包括佛經在內，自魏晉以來的清談課題，有時依然活絡在談坐上；而時代性的新血輪——儒經的義疏又搬上了談坐。宋、齊兩代的帝王們，斷斷續續的想要復興自魏晉以來便已衰頹的儒教，南齊書劉瓛、陸澄傳論曾提及齊高帝、武帝提倡儒學的情況，儒風所被「家尋孔教，人誦儒書」（文已見上述）；但是儒家已難恢復舊觀，在玄風的吹拂下，講論儒經，不得不沾染玄氣了。如南齊書卷二十一文惠太子傳，記載文惠太子與王儉講論孝經仲尼居，王儉說：

> 接引非隔，弘宣雖易，去聖轉遠，其事彌輕。既云「人能弘道」；將恐人輕道廢。

王儉的這些話，已有幾分玄味了。

篤信釋氏，禁止道教的梁武帝蕭衍，也好清談。曾隨侍梁武帝的兒子梁元帝蕭繹，及也和蕭繹一同被縛到北方的北齊顏之推，在他的顏氏家訓一書中，敘述蕭梁時代清談情況說：

洎於梁世，茲風復闡。莊老周易，總謂三玄。武皇簡文，躬自講論，周宏正奉贊，大猷化行，都邑學徒千餘，實爲盛美。元帝在江荊閒，復所愛習。召置學生，親爲教授，廢寢忘食，以夜繼朝。至乃倦劇愁憤，輒以講自釋。吾時頗預末筵，親承音旨，性既頑魯，亦所不好云。（註三三）

梁武帝是南北朝帝王中最用心用力提倡經學的人，但是經學的玄化，已經成爲潮流，儒經反成爲談辯之資，趙翼二十二史劄記說：

至梁武帝始崇尚經學。儒術由之稍振。然談義之習已成。所謂經學者亦皆以爲談辨之資。武帝召岑之敬升講座。敕朱异執孝經唱士孝。章帝親與論難之。敬剖釋縱橫。應對如響。（之敬傳）。簡文爲太子時。出士林館。發孝經題。張譏議論往復。甚見嗟賞。其後周宏正在國子監。發周易題。譏與之論辨。宏正謂人曰。吾每登座。見張譏在席使人凜然。（譏傳）。簡文使戚袞說朝聘儀。徐摛與往復。袞精采自若。（袞傳）。簡文嘗自升座說經。張正見預講筵。請決疑義。（正見傳）。伏曼容宅在瓦官寺東。每升座講經。生徒常數十百人。（曼容傳）。袁憲與岑文豪。同侯周宏正。宏正將登講座。適憲至。即令憲樹義。時謝岐、何妥、竝在座。遞起義端。憲辨論有餘。到漑曰。袁君正有後矣。（憲傳）。嚴植之通經學。館在潮溝。講說有區段次第。每登講。五館生畢至。聽者千餘。（植之傳）。鮑皦在太學。有疾。請紀少瑜代講。少瑜善談吐。辨捷如流。（少瑜傳。）崔靈恩自魏歸梁爲博士。性拙樸無文采。及解析經義。甚有精致。舊儒咸重之。（靈恩傳）。沈峻精周官。開講時。群儒劉嵒、沈熊、之徒。竝執經下座。北面受業。（峻傳。）是當時雖從事於經義。亦皆口耳之學。開堂升座。以才辨相爭勝。與晉人清談無異。特所談者不同耳。況梁時所談。亦不專講五經。武帝嘗於重雲殿自講老子。徐勉舉顧越論義越音響若鐘。咸嘆美之。（越傳。）簡文在東宮。置宴元儒之士。（戚袞傳。）邵陵王綸、講大品經。使馬樞講維摩、老子。同日發題。道俗聽者二千人。王謂眾曰。馬士論義。必使屈伏。不得空具主客。於是各起辨端。樞轉變無窮。論者咸服。（樞傳。）則梁時五經之外。仍不廢老莊。且又增佛義。晉人虛僞之習。依然未改。且又甚焉。風氣所趨。積重難返。直至隋平陳之後。始掃除之。蓋關陝樸厚。本無此風。魏周以來。初未漸染。陳人之遷于長安者。又已衰苶不振。故不禁而自消滅也。（註三四）

二十二史箚記徵引史傳論證，能很明晰的看出清談儒經的情況。玄與儒又告交融，（註三五），所謂義疏之學正是在玄學影響下的產物。（註三六）

總覽上文，清談玄風歷魏、晉、宋、齊、梁、陳六朝，自魏明帝太和年間（西元二二七年）至平陳的隋文帝開皇九年（西元五八九年），前後綿延將近四百年。清談的範疇不斷的增衍推擴，即使如魏晉玄學探微一書所說，玄學是老莊的一個流派，也應該是玄風初搧的時候，清談漸趨發展後，玄學與清談已難分野；就以王僧虔戒子書所言，「玄」與「談」已難區別，而且「玄」的內容也不只是老莊。又晉書簡文帝紀說：

> 簡文皇帝諱昱，字道萬，元帝之少子也。幼而岐嶷，爲元帝所愛。郭璞見而謂人曰：「興晉祚者，必此人也。及長，清虛寡欲，尤善玄言。……帝雖神識恬暢，而無濟世大略，故謝安稱爲惠帝之流，清談差勝耳。（註三七）

晉簡文帝好清談，世說新語、晉書都有明證，蕭子顯御講摩訶般若經序說：

> 至如漢明自講。局以儒術。簡文談疏。復謝專經。猶靈若之覯井鼃、雲夢之在胸中也。（註三八）

按：蕭子顯卒於梁武帝大同三年，梁簡文帝蕭綱尚未登基，當然更無簡文帝的嗜好可言。蕭子顯文中的「簡文」，當然指東晉簡文帝司馬昱。魏晉南北朝人士清談時，常用「疏」或「通」，因此「談疏」，是指清談時疏通義理而言。

晉書稱簡文帝尤善玄言，又引謝安語說「清談差勝耳」，「玄言」和「清談」已難分別。晉書著成於唐代，題唐太宗「御撰」，但是他的資料來源有所本的。即使「尤善玄言」四字眞是唐人自寫，也可證明唐人的思惟裏，「玄言」和「清談」是不分的。

瞭解清談和玄學的分合後，反觀南齊書文學傳論中的「談士」，當然是指廣泛的包括玄學在內的清談人物而言。

清談談辯的方式，或聚衆會談，或兩人對辯。選出談題，設有主客，由談主談理，客賓攻難；其他談客或只是聽講吆喝，或可隨機答辯、攻難、如談題爲佛理時，也可設法師與都講，法師談理，都講攻難。每次交鋒，一回合稱一番，一次清談，有時須數番才能分出勝負。主談者不能答辯，攻難者不能再難；或兩人對談，一人墮入另一人的玄理中，已不能再談理；這些都算是「曲」，也就是輸了。如世說新語文學門說：

何晏爲吏部尚書，有位望，時談客盈坐。王弼未弱冠，往見之，晏聞弼名，因條向者勝理語弼曰：「此理僕以爲極，可得復難不？」弼便作難，一坐人便以爲屈。於是弼自爲客主數番，皆一坐所不及。

莊子逍遙篇，舊是難處，諸名賢所可鑽味，而不能拔理於郭、向之外。支道林在白馬寺中，將馮太常共語，因及逍遙。支卓然標新理於二家之表，立異義於衆賢之外，皆是諸名賢尋味之所不得。後遂用支理。

羊孚弟娶王永言女。及王家見婿，孚送弟俱往；時永言父東陽尚在，殷仲堪是，東陽女婿，亦在坐。孚雅善理義，乃與仲堪道齊物。殷難之，羊云：「君四番後，當得見同。」殷笑曰：「乃可得盡，何必相同？」乃至四番後一通。殷咨嗟曰：「僕便無以相異！」歎爲新拔久之。

許掾詢年少時，人以比王苟子，許大不平。時諸人士及林法師，並在會稽西寺講，王亦在焉。許意甚忿，便往西寺與王論理，共決優劣；苦相折挫，王遂大屈。許復執王理，王執許理，更相覆疏，王復屈。許謂支法師曰：「弟子向語何似？」支從容曰：「君語，則佳矣，何至相苦邪！豈是求理中之談哉！」

支道林、殷淵源俱在相王許。相王謂二人：「可試一交言；而才性殆是淵源崤函之固，君其愼焉！」支初作，改轍遠之；數四交，不覺入其玄中。相王撫肩笑曰：「此自是其勝場，安可爭鋒！」

支道林、許掾諸人，共在會稽王齋頭。支爲法師，許爲都講。支通一義，四坐莫不厭心；許送一難，眾人莫不抃舞。但共嗟詠二家之美，不辯其理之所在。

殷中軍爲庾公長史，下都，王丞相爲之集，桓公、王長史、王藍田、謝鎮西並在。丞相自起解帳，帶麈尾，語殷曰：「身今日當與君共談析理。」既共清言，遂達三更。丞相與殷共相往反，其餘諸賢，略無所關。既彼我相盡，丞相乃歎曰：「向來語，乃竟未知理源所歸；至於辭喻不相負。正始之音，正當爾耳！」明旦，桓宣武語人曰：「昨夜聽殷、王清言，甚佳。仁祖亦不寂寞，我亦時復造心；顧看兩王掾，輒翣如生母狗馨。」（註三九）

由上可知，求理是清談的主要目的，「理極」、「標新理」、「立異義」、「新拔者」、「入其玄中」等，都是清談所追求的最高境界。依此可見清談和古、今文家，最大的不同就是古、今文家執守師法、家法，而清談重在「標新立異」。

除品藻人物外，不論校練名理、精覈玄論，都是就取自古人，或當前應時的談題，反覆論難，反覆申說，目的都在思辨出古人或談客們所未能思考到的新拔義理（或稱理義）。世說新語文學門又稱「惠子其書五車，何以無一言入玄」的理由是因爲其妙處不傳（註四〇），清談的極至，更是在推理入玄，尋索出不傳的妙處來。

清談有時相持不下而至於「苦」；甚至於不辨「理之所在」，「向來語，乃竟未知理源所歸」，只是「辭喻不相負」而已。這就是說，不知在談些甚麼義理，只是在語言上鬥功夫罷了。世說新語文學門又說：

> 支道林、許、謝盛德，共集王家。謝顧謂諸人：「今日可謂彥會，時既不可留，此集固亦難常；當共言詠，以瀉其懷。」許便問主人有莊子不？正得漁父一篇。謝看題，便各使四坐通。支道林先通，作七百許語；敘致精麗，才藻奇拔，眾咸稱善。於是四坐各言懷畢。謝問曰：「卿等盡不？」皆曰：「今日之言，少不自竭。」謝後難，因自敘其意，作萬餘語，既自難干，皆曰：今日之言，少不自竭。」謝後粗難，因自敘其意，作萬餘語，才峰秀逸；既自難干，加意氣擬託，蕭然自得，四坐莫不厭心。支謂謝曰：「君一往奔詣，故復自佳耳。」（註四一）

這一條是多人清談漁父的例子；滔滔不絕的作七百許語，萬餘語，不論敘致如何精麗，才峰如何秀逸，只是一股腦兒的將與這談題有關的言詞搬了出來，缺乏鎔裁，缺乏架構，僅僅在鬥才思學識，言奇談工而已。有些清談末流只落得：

> 不聞清談講道之言。專以醜辭嘲弄爲先。（註四二）

那更是落下層了。顏之推也批評說：

直取其清談雅論，剖玄析微，賓主往復，娛心悅耳，非濟世成俗之要也。（註四三）

綜觀上述，以求理爲本位，虛勝玄言的清談，和以求眞爲本位，正典實證的儒學、史學及以求美爲本位，吟情詠性的文章——純文學，各有取捨，各有偏向，各有識見，各有特質，如何能同籠共筐呢？距蕭子顯約兩百年左右的葛洪，已經看出了這種區別，他說：

摛銳藻以立言。辭炳蔚而清允者。文人也。……甄墳索之淵奧。該前以窮理者。儒人也。……飛清機之英麗。言約暢而判滯者辯人也。（註四四）

按：「辯人」就是談士，指清談人物而言。

葛洪這種文人、儒人、辯人分庭的看法，卻沒有引起東晉以後人士的注意，清談依然歸屬文學一門。宋劉義慶世說新語文學門，共載錄了一〇四條，文學的項目包括經學、子學、清談、南北學問異同、詩、賦、誄、頌、贊、表、議、論、評潘文陸文、史論、語林、名士傳、泛言文才筆才等（註四五）。其中言及清談的有四十六條，約佔文學門四分之一強，由此看來，清談被視爲文學重要的一環。

清談自魏晉劉宋以來，既然被視爲文學重要範疇之一，那清談人物自然就是文學家；簡單的說，談士就是文人。史學家們撰寫史傳時，只要立有泛文學範疇的儒林、文學等傳，這些清談人物必有資格載入傳中。

蕭子顯生於齊武帝永明五年（西元四八七年），卒於梁武帝大同三年（西元五三七年），年五十一。齊和帝中興二年（西元五〇二年），蕭衍篡齊是為梁武帝天監元年。梁武帝歷天監、普通、大通、中大通、大同、中大同、太清等年號在位四十八年，蕭子顯自十六歲入梁、至五十一歲過世，前後三十六年間，沒有脫離梁武帝一朝。

由上文顏之推的親身經歷，我們可以很清楚的看出，梁武帝蕭衍、梁簡文帝蕭綱、和梁元帝蕭繹都曾沉溺在清談中。朝野宗風，「化行都邑」，玄風披靡了整個梁朝。上述三位帝王及梁昭明太子蕭統都雅尚文學，文學的崇高地位及正確觀念都在這個時期確立；繼三祖陳王的曹氏文學集團之後，蕭氏文學再度光耀了我國文學門楣（註四六），而梁武帝及當時的皇太子蕭綱相當寵禮於蕭子顯。南齊書是蕭子顯自己上書請求撰寫的（註四七），也就是在朝廷的許可下著作。在這種崇尚清談與文學的時潮中，蕭子顯為文學家們建立合傳卻敢不取清談人物，他勢必要提出一番辯解；這個辯解就是文人與談士相異的理論。

蕭子顯具有宗儒、揚佛、抑道的思想。宗儒的思想來自於家學。他的祖父齊高帝蕭道成及伯祖衡陽元王道度都出生於儒生，拜在宋大儒雷次宗的門下。他父親豫章王蕭嶷也曾致力於提倡儒學。蕭子顯服膺儒門的思想，在南齊書中處處可見。至於揚佛與抑道恐怕是時潮性的作用大於他個人的愛惡（註四八）。

蕭子顯能文能史，在梁書與南史中都有明顯的記載。除蕭子顯外，子顯兄弟有文學者還有子恪、子範、子雲、子暉四人（註四九），正如蕭子顯二哥蕭子恪所說「文史之事，諸弟備之」。由南齊書、梁書、南史來觀察蕭子顯的直系家族，祖父蕭道成，父親蕭嶷，蕭子顯本人及他的兄弟們，我們可以很明顯的發現，這個家族的成員，沒有一位善玄言、喜談義的。循此看來，蕭子顯南齊書之文學傳，只取儒、文、史三科而排除玄科，是有他的家學基因的。

蕭子顯不仿照漢司馬遷史記、班固漢書，爲泛文學範疇的文學家們建立儒林傳；又不模擬劉宋范曄後漢書爲雜、純文學家們分立儒林、文苑傳；更不效法晉陳壽三國志，梁沈約宋書不爲文學家建立合傳的作法。他一無依傍的獨自取孔門四科之一「文學」，爲南齊的十七位雜、純文學家，建立文學傳。這種宗儒的信念使他匠心別裁。

他也沿用孔門泛文學範疇的文學觀念，這十七位文學家分別隸屬於儒、文、史三科。而自魏晉劉宋以來，被視爲文學重要一環的玄科——包括清談卻沒有被收錄在文學傳。

以求眞爲本位，正典時政的儒學、史學和以求美爲本位，吟情詠性的文章（純文學），及以求理爲本位，虛勝玄言的清談，各有各的內容偏向，各有各的識見尺度，各有各的形勢體制，各有各的表達方式，是無法通及群倫、兼備衆體的。尤其以求理入玄的哲學思辨爲主要目的，像形而上虛體昇華的清談，與較有俱質性蘊含的儒、文、史三科，體性當然是大有逕庭。

如上所述，文學傳論是專就純文學立言的；依此推論假使文學傳論末的「文人」，眞只狹義的指稱以文章立名的純文學家，那麼「文人」與「談士」的區別便更加的鮮明。

就內容來說，蕭子顯對文章——純文學提出相當純粹的界說：「文章者，蓋情性之風標，神明之律呂也」。這種界說擺脫傳統政教的束縛，還給文學一個眞誠的面孔；文學旨在吟詠性情，歌唱靈魂。清談的目的重在「標新理」、「立異義」，內容旨在唯理是求。就表達方式而言，文學採用「芬藻麗春」（南齊書文學傳論語）的唯美筆調，使詞采芊蔚，詞趣盎然。而清談採用「理勝其詞」的唯理論辨，不論清談的言詞如何的繁富、精練、簡切，義理如何的精微、深邃、玄妙，也無法不受如詩品序所說的「淡乎寡味」、「平典似道德論」的譏評了。藝術韻致的文學與哲學思辨的清談，其體性上的差殊是顯而易見的。

總覽全文，我們已可爲蕭子顯之所以不惜破壞論著的完整體例，在文學傳論末綴上文人與談士相異的理論，找到了答案。自魏晉劉宋以來，清談被視爲文學的重要內涵，在梁代崇尚文學與清談的時潮中，蕭子顯爲南齊的文學家們立傳，卻不取清談人物入傳，他不得不客觀的尋找出文人與談士相異的主因，「非唯識有不周，道實相妨，談家所習，理勝其辭，就此求文，終然翳奪」，清談中既然無法涵蘊文學的體性，可見清談非文學，而清談人物自然不容載入文學傳中。王鍾陵中國中古詩歌史評及這段理論說：

> 輪扁斫輪以下是講文人談士的分途，這是玄言成份必須退出詩歌的理論概括。這一概括十分重要，它是玄言詩風已被徹底革盡了理論標志，兼之者鮮矣一語，表明文與理早已分途發展了。
>
> （註五〇）

又王運熙、楊明魏晉南北朝文學批評史說：

蕭子顯則進一步說二者難以兼長，並指出其「罕或兼工」的原因，不僅在於人的才能難於兼備，更在於「道實相妨」。認爲談家所習在於「理」，「理勝其辭」，便會妨礙文章之工。以今日眼光視之，這說法實際上已觸及下列事實：長期而專一地進行邏輯思維的人，其藝術思維、審美感受能力便可能相對減弱。蕭子顯當然還未能明確地論述兩種思維之間的區別，更未意識到二者之間的聯繫，但他的說法包含著正確的因素，且爲前人所未發，頗值得注意。（註五一）兩部書的解析雖然各有卓見，但是他們對蕭子顯提出文人和談士相異理論的價值，都是予以肯定的。

在崇尚文學與清談的風潮中，蕭子顯存有著清談非文學的前進思惟，是多麼的具足慧眼！更令我們讚佩的是，他那種擺下傳統包袱與抖落時潮羈絆的超人膽識和魄力。

【附註】

註一　鄧仕樑蕭子顯文論說：這一節強調「談家所習，理勝其辭，就此求文，終然翳奪」，相信仍是針對東晉清談之士，「因談餘氣，流成文體」之習說的，所謂「因談餘氣，流成文體」，就是把清談用的語言，徑以入詩，故詩皆「平典似道德論」。「平典」言其文采淡得完全沒有文學意味。（頁二一二，香港中文大學中國文化研究所學報第十八期）又王鍾陵中國中古詩歌史也以爲這是玄言詩風已被徹底革盡的理論標誌，引文見正文結束前。或以爲蕭子顯文人與談士差別的看法，是指魏晉南北朝的文筆之辨，參看

鄧仕樑蕭子顯文論及王運熙、楊明魏晉南北朝文學批評史第貳章第五節（上海古籍出版社）

註二　范文瀾文心雕龍註本卷二明詩篇頁二，及卷九時序篇頁二四（臺灣開明書店）

註三　許文雨文論講疏頁一五四（正中書局）

註四　古本南齊書沒有標點，大陸新編二十五史即今國史研究室、鼎文書局本南齊書，已加新式標點，將「輪扁斲輪，言之未盡」上下文標點爲「不雅不俗，獨中胸懷。輪扁斲輪，言之未盡，文人談士，罕或兼工」。也就是將「輪扁斲輪，言之未盡」屬下讀，和「文人談士，罕或兼工」合成一節。鄧仕樑蕭子顯文論是就「文人談士，罕或兼工」以下立論，王鍾陵中國中古詩歌史是就「輪扁斲輪，言之未盡」以下一節文字立論，我們以爲「輪扁斲輪，言之未盡」爲蕭子顯提出文學論見後的客套語，文論常有這種體例。因此我們重新將標點更動爲「不雅不俗，獨中胸懷。輪扁斲輪，言之未盡。文人談士，罕或兼工。」

註五　王鍾陵中國前期文化心理研究第五章頁六五三（重慶出版社）。

宋代爆發的《白黑論》之爭，則明顯地說明了儒、佛之間既矛盾又調和的情況。

元嘉初年，釋慧琳作《白黑論》（又名《均善論》），假設白學先生（儒、道）和黑學先生（佛）的爭論。名爲均善，即認爲儒、道、佛各有長處，但在立論之中，釋慧琳卻對佛教多所指責。……一個僧人著論非難佛教，這是儒家思想在佛教徒中的反映，所以得到了儒士何承天的支持。何承天把《白黑論》送給宗炳看，宗炳是個佛教信徒，於是在宗炳和何承天之間便展開了往復多次的激烈辯論。宗炳曾著《明佛論》，認爲……顏延之又著《釋達性論》反對何承天的意見，……何、顏之間又往復辯論多次。

註六　世說新語文學門「舊云，王丞相過江左，止道聲無哀樂、養生、言盡意三理而已，然宛轉關生，無所不入。」（頁一一四，世說新語校箋徐震堮註，文史哲出版社）

註七　宋書卷三武帝紀下：「古之建國，教學爲先，弘風訓世，莫尚於此，……故爰自盛王，迄于近代，莫不敦崇學藝，修建庠序。……今王略遠届，華域載清，仰風之士，日月以冀。便宜博延冑子，陶獎童蒙，選備儒官，弘振國學。主者考詳舊典，以時施行。」（頁五八，新校本宋書，鼎文書局）

註八　宋書卷六十六何尚之傳：「（宋文帝元嘉十三年）……以尚之爲尹，立宅南郭外，置玄學，聚生徒。東海徐秀、廬江何曇、黃回、潁川荀子華、太原孫宗昌、王延秀、魯郡、孔惠宣，並慕道來遊，謂之南學。」（同註七，頁一七三四）南史卷三十何尚之傳：「元嘉十三年，彭城王義康欲以司徒長史劉斌爲丹陽尹，上不許，乃以尚之爲之。立宅南郭外，立學聚生徒。東海徐秀、廬江何曇、黃回、潁川荀子華、太原孫宗昌、王延秀、魯郡、孔惠宣並慕道來遊，謂之南學。」（頁七八二新校本南史，鼎文書局）

註九　見第一節，一、註一〇，頁十三。

註一〇　見第一節，一、註一〇，頁十三。

註一一　古本南齊書、南史都未有標點，今大陸新標點本南齊書、南史祖沖之傳，有關著作部份標點不同。南齊書卷五十二祖沖之傳稱「著易老莊義釋、論語孝經注，九章造綴述數十篇。」（頁九〇六，國史研究室）南史卷七十二祖沖之傳稱「著易老莊義，釋論語、孝經，注九章，造綴述數十篇。」（頁一七七四，新校本南史，鼎文書局）。隋書卷三十四志二十九經籍三，註錄有「九章術義序」、「九章算術一卷」、

「綴術」等（頁一〇二五，國史研究室）。「九章」爲算術名詞，「綴術」屬天算之書。上述兩種標點何種較爲正確，我們不敢妄下斷言。祖沖之此書不論作「易老莊義釋」或「易老莊義」都沒有重大影響。

註一二　趙書廉魏晉玄學探微第十章第一節：「魏晉清談，在中國思想史中占有重要地位，前人對此議論很多。關於玄學與清談的關係，以及對「清談」含義的理解，許多人看法雖似大同，實則異趣。清代學者如顧炎武、錢大昕等多持『清談即玄學』的看法，從今人論述來看，見解亦不相同。不少仍堅持『清談即玄學』的觀點，如在《中國思想通史》中說：『……清談或稱玄學……不過是『三玄』與『名辯』之綜合復古』（《中國思想通史》第三卷，第二十六頁）；王仲犖先生認爲，在曹魏執政時期，『作爲清談的主流來說基本上還是爲名教服務的』，到了魏晉之際，清談便轉變爲『言及玄遠的清談玄學了』（《魏晉南北朝史》下冊，第七三八、七三九頁），實際上也認爲魏晉清談即是玄學，一九七九年出版的《辭海》第三冊對『清談』一詞的解釋說：『……清談亦稱『清言』、『玄言』、『玄談』、『談玄』。指魏晉時期崇尚老莊、空談玄理，逃避現實鬥爭的一種風氣』，一九八二年出版的《辭海》對『清談』一詞的解釋爲：『即玄談，指魏晉間何晏、王衍等崇尚老莊，競談玄理，成爲一時風氣』。以上意見都認爲『清談』即是『玄學』二者含義相同，與以上意見不同，唐長孺先生在《清談與清議》一文中，對清談含義的變化作了考證，認爲在東漢時期『清議』與『清談』互稱，意即『雅談』、『正論』，其內容『主要部分是具體的人物批評，和老莊自無關係』，到了晉代，雖然玄學盛行，但『清談』一詞還不是專指虛玄之談』，有時仍與東漢『清議』的含義相同，晉以後，『清談已專指虛玄之談，但有時還承用古義，與清議相同』，『清談的含義即使在南北朝末期也還包含清議在內，至少是根據傳統是作這樣了解的』（《魏晉南北朝史論叢》第二八九至二九七頁），對清談即是玄學的看法提出異議，從上面引述的種種說法可以看出，對於『清談』是否即是『玄學』的問題，意見並不統一，至少有兩種見解並存。」（頁一二一、一二二河南人民出版社）

註一三　魏晉玄學探微第十章第一節。（頁一二五、一二六河南人民出版社）

註一四　有關清談名稱，一部份歸納自世說新語門及文學門的清談資料，一部份參考林麗貞魏晉清談主題之研究第二章第二節（國立臺灣大學博士論文）及趙書廉魏晉玄學探微第十章第一節（頁一一二～一三六河南人民出版社）。單稱談、言與論說、道、戲的可加「共」或「與」字。作「共談」、「共語」、「共說」、「共論」、「與談」、「與語」、「與論」、「與說」等。

註一五　荀子勸學篇：「至乎禮而止矣，夫是之謂道德之極。禮之敬文也。樂之中和也。詩書之博也。春秋之微也。在天地之閒者畢矣。」（頁七，荀子集解卷一。世界書局諸子集成本）

註一六　可參看王瑤中古文學史論玄學與清談（長安出版社），何啓民魏晉思想與談風「漢魏思想之變因」（臺灣學生書局）

註一七　參看林麗雪「漢代天人合一思想研究」國立臺灣大學中國文學研究所碩士論文。

註一八　後漢書卷六十八許劭傳「初，劭與靖俱有高名，好共覈論鄉黨人物，每月輒更其品題，故汝南俗有「月旦評」焉。（頁二二三五，明倫出版社）

註一九　三國志卷二十八魏書鍾會傳：「會嘗論易無互體、才性同異。及會死後，于會家得書二十篇，名曰道論，而實刑名也，……弼好論儒道，辭才逸辯，注易及老子，為尚書郎，年二十餘卒」。（頁七九五，明倫出版社）又王瑤中古文學史論：「所謂校核名實，所謂名檢，都在當時學術思想中佔著極重要的地位；而其研討的目的則是為了實際政治的運用。這是一種儒家正名，法家綜核名實，和形名家言的綜合。研究此者即謂之善談名理，是當時學術思想的主潮」。（頁一二七，中古文學思想，長安出版社）

註二〇　老子集解，頁一，世界書局諸子集成本。

註二一　莊子集解，頁四〇七、頁四〇九，世界書局諸子集成本。

註二二　如荀粲象外說、王弼得意忘象論，可參考本章第二節二。

註二三　三國志卷十荀彧傳，附荀顗傳註引晉陽秋曰：「太和初，到京邑與傅嘏談。嘏善名理而粲尚玄遠，宗致雖同，倉卒時或有格而不相得意。裴徽通彼我之懷，為二家騎驛，頃之，粲與嘏善」。（頁三二〇，明倫出版社）又世說新語文學門：「傅嘏善言虛勝，荀粲談尚玄遠，每至共語，有爭而不相喻。裴冀州釋二家之義，通彼我之懷，常使兩情皆得，彼此俱暢」（頁一〇七，文史哲出版社）劉孝標註引粲別傳曰：「粲太和初到京邑，與傅嘏談，善名理，而粲尚玄遠，宗致雖同，倉卒時或有格而不相得意。裴徽通彼我之懷，為二家釋，頃之，粲與嘏善。（同上，頁一〇八）

註二四　一般論者都稱清談始自正始年間的何晏、王弼，事實上，依據文獻資料，談風須上溯至太和年間荀粲與傅嘏清言，至正始年間何、王倡導，才告成熟。何晏、王弼也不只是祖述老莊，談風初起易老莊已經並興爲三大主題。世說新語文學門（何晏爲吏部尚書條），劉孝標注引文章序錄說：「晏能清言，而當時權勢，天下談士多宗尚之。」又引魏氏春秋曰：「晏少有異才，善談易老。」又引弼別傳曰：「弼字輔嗣，山陽高平人。少而察惠，十餘歲，便好莊老。」但是王弼不僅註老子，也註易經，至今成爲雙璧。由此可證。（頁一〇六，文史哲出版社）

註二五　魏晉南北朝人士雖好老莊，但談及「聖人」、「聖教」、「名教」多指孔子儒家而言；如世說新語文學門「王輔嗣弱冠詣裴徽」條下，「弼曰：『聖人體無，無又不可以訓，故言必及有；老、莊未免於有，恒訓其所不足』」（頁一〇七，文史哲出版社）。又同上「阮宣子有令聞」：「太尉王夷甫見而問曰：『老莊與聖教同異？』」（頁一一二，同上）。又同上德行門：「樂廣笑曰：『名教中有樂地，何爲乃爾也？』」。（頁一四，同上）

註二六　論語公冶長：「子貢曰夫子之文章，可得而聞也，夫子之言性與天道，不可得而聞也。」（頁四三，藝文印書館十三經注疏本）

註二七　三國志荀彧傳附荀顗傳裴松之註引晉陽秋曰：「何邵爲粲別傳曰：『粲諸兄並以儒術論議，而粲獨好言道，常以爲子貢稱夫子之言性與天道，不可得聞，然則六籍雖存，固聖人之糠粃』」。（頁三一九，明倫出版社）世說新語文學門「傅嘏善言虛勝」條下劉孝標註引粲別傳說：「粲諸兄儒術論議各知名。粲能言玄遠，常以子貢稱『夫子之言性與天道，不可得而聞也，』然則六籍雖存，固聖人之糠粃。能言者不能屈」（頁一〇七，文史哲出版社徐震堮註本）

註二八　何晏與王弼論有無，見下文所引。又世說新語文學門「裴成公做崇有論」條下，劉孝標註引晉諸公贊說：「頠疾世俗尙虛無之理，故著崇有二論以折之，才博喻廣，學者不能究。後樂廣與頠清閒，欲說理，而頠辭喻豐博，廣自以體虛無，笑而不復言。」（頁一〇九，文史哲出版社徐震堮註本）又可參看趙書廉魏晉玄學探微第五章（河南人民出版社）。

註二九　老子本易：「道可道。非常道。名可名。非常名。無名。天地之始，有名。萬物之母。故常無欲。以觀其妙。常有欲。以觀其徼。此兩者同出而異名。同謂之玄。玄之又玄。衆妙之門。」（老子集解，頁一，世界書局諸子集成本）

註三〇　品藻人物如世說新語品藻門說：「世論溫太眞是過江第二流之高者，時名輩共說人物第一將盡之間，溫常失色。」（頁二八二，文史哲出版社徐震堮註本）

註三一　參看趙書廉魏晉玄學探微第十章（河南人民出版社）及拙著劉義慶世說雜、純文學分立觀，刊登於孔孟月刊二十六卷第十期。

註三二　參看何啓民魏晉思想與談風九「玄釋之交融」（臺灣學生書局）、趙書廉魏晉玄學探微第十三章玄學與佛教般若學（河南人民出版社）、王鍾陵中國前期文化心理研究第五章魏晉南北朝時期思想略論。（重慶出版社）

註三三　顏氏家訓勉學篇（頁一五四，藝文印書館）。

註三四　二十二史箚記卷八六朝清談之習（頁一〇三、一〇四，世界書局）。

註三五　參看趙書廉魏晉玄學探微第十一章玄學與儒家經學（河南人民出版社）

註三六　參看簡博賢今存南北朝經學遺籍考第一章（黎明文化事業出版社）。

註三七　卷九，頁二一九、二二四（新校本晉書，鼎文書局）。

註三八　廣弘明集卷二十二頁十二（臺灣中華書局）。

註三九　世說新語文學門六、卅二、六二、卅八、五一、四〇、廿二條（文史哲出版社徐震堮註本）。

註四〇　世說新語文學門司馬太傅問謝車騎：「惠子其書五車，何以無一言入玄？」謝曰：「故當是其妙處不傳。」（頁一三二，文史哲出版社徐震堮註本）

註四一　同註三九，頁一二九、一三〇。

註四二　抱朴子疾謬篇，頁一四六（世界書局諸子集成本）

註四三　同註三三。

註四四　同註四二行品篇，頁一四〇。

註四五　參見拙著劉義慶世說雜、純文學分立觀（孔孟月刊二十六卷第十期）。

註四六　參見劉漢初蕭統兄弟的文學集團（國立臺灣大學博士論文）。

註四七　參見梁書卷三十五、頁五一一，新校本南史卷四十二蕭子顯本傳，頁一〇七三（鼎文書局）。

註四八　參見本書第三章第一節。

註四九　參見本書第二章第二節一家學的教化。

註五〇　王鍾陵中國中古詩歌史第六章第一節，頁七四九（江蘇教育出版社）。

註五一　王運熙、楊明魏晉南北朝文學批評史第二章第五節五，頁三一九（上海古籍出版社）。

第二節　氣韻天成說與神思無象論

一、氣韻天成說

蕭子顯是我國文學批評家中，運用「氣韻」一詞於文論的第一人，南齊書文學傳論說：

文章者，蓋情性之風標，神明之律呂也。蘊思含毫，遊心內運，放言落紙，氣韻天成。莫不稟以生靈，遷乎愛嗜，機見殊門，賞悟紛雜。

雖然「氣」與「韻」二字連用，始於蕭子顯；但是單用「氣」字於文哲上卻要演溯到先秦。孟子公孫丑上說：

曰我知言，我善養吾浩然之氣。敢問何謂浩然之氣？曰難言也，其爲氣也，至大至剛，以直養而無害，則塞于天地之間，其爲氣也，配義與道，無是餒也。是集義所生者，非義襲而取之也。行有不慊於心則餒矣，我故曰告子未嘗知義以其外之也，必有事焉而勿正心，勿忘勿助長也。無若宋人然。宋人有閔其苗之不長揠之者，芒芒然歸謂其人曰：今日病矣，予助苗長矣，其子趨而往視之，苗則槁矣。天下之不助苗長者寡矣，以為無益而舍之者，不耘苗者也，助之長者，揠苗者也。非徒無益而又害之。何謂知言？曰詖辭知其所蔽，淫辭知其所陷，邪辭知其所離，遁辭知其所窮（註一）

莊子秋水篇說：

北海若曰：「此其過江河之流不可為量數而吾未嘗以此自多者。自以比形於天地。而受氣於陰陽。吾在天地之間。猶小石小木之在大山也。方存乎見少。又奚以自多。

又天道篇說：

桓公讀書於堂上輪扁斲輪於堂下。釋椎鑿而上。問桓公曰。敢問公之所讀者何言邪。公曰。聖人之言也。曰。聖人在乎。公曰。已死矣。曰。然則君之所讀者。古人之糟魄已夫。

綜觀上文，由孟子養氣說的文義推敲，「浩然之氣」的氣，恐怕還是天生而非外鑠。這「氣」能否浩然，需要依賴自然的涵養，不可用人工的助長；而「義」，正是涵養的生劑，是浩然、是氣餒，端看有義無義。孟子的養氣說，主體在為人性立論，但是孟子以養氣與知言對舉，語言是文學的主要元素，因此，無形中引發後世學者聯想的類化作用，把「氣」認作文學的主體基因。莊子秋水篇「受氣於陰陽」，認為萬物秉受陰陽之氣而生。天道篇又借用輪扁斲輪之道，父子不能傳授來比喻聖人之言不可言傳，聖人已死，聖人書已成糟粕。聖人之言，聖人之書，正是文學的重要內涵。結合孟子養氣，秋水篇的秉受陰陽之氣，天道篇的聖人之說不可言傳，雖是父子，無法相傳授等的理念，轉化成曹丕的文氣說，是相當自然的哲思進程。

曹丕是將「氣」用於文論的第一人（註三），其「典論論文」說：

文以氣爲主，氣之清濁有體，不可力強而致。譬諸音樂，曲度雖均，節奏同檢，至於引氣不齊，巧拙有素，雖在父兄，不能以移子弟。（註四）

羅根澤中國文學批評史說：

曹丕的提倡文氣，似受多方面的影響；「氣」字當然來自孟子，而氣用於文，文須重氣，則大概由於譯讀佛經。

又：

漢末魏初的首屈一指的文學批評家曹丕，關於這，似乎是承受了道家的影響。他說「文以氣爲主」。祇就「氣」字而言，當然是由孟子的「養氣」而來。但孟子的「氣」是由養得來，曹丕的「氣」則是「清濁有體，不可力強而致」的。他設了一個最妙的比喻說：「譬諸音樂，曲度雖均，節度同檢，至於引氣不齊，巧拙有素，雖在父兄，不能以移子弟。」（詳四章一節）這便與莊子天道篇的說法相近了。在莊子天道篇還沒有明說道藝的創造，全靠天才；這裏便顯言「清濁有體，不可力強而致。」（註五）

羅根澤認爲曹丕文氣說除受孟子養氣影響外，可能受有佛經譯讀及道家的影響。我們認爲曹丕文氣的主要源流，還是來自於上述三段旨趣。曹丕文氣論正是儒道融貫的結晶。如果羅根澤認爲受佛經譯讀的影響是可信的，那麼儒、道、佛交融的成果更要提早到三國。南朝宋劉義慶世說新語常用「氣」及「韻」字，和其他文字相配合，構成如「才氣」、「神氣」、「風氣」、「雋氣」、「辭氣」、「風韻」、「高韻」、「風氣韻度」等詞語，來說明人物的才性、神情、氣質、韻味、風貌、語勢等。如：

張憑舉孝廉，出都，負其才氣，謂必參時彥。（文學）

王大將軍年少時，……自言知打鼓吹，帝令取鼓與之。於坐振袖而起，揚槌奮擊，音節諧捷，神氣豪上，傍若無人，擧坐歎其雄爽。（豪爽）

王平子與人書，稱其兒「風氣日上，足散人懷」。（賞譽）

王逸少作會稽，初至，支道林在焉。……王本自有一往雋氣，殊自輕之。（文學）

有北來道人好才理，與林公相遇於瓦官寺，……此道人語，屢設疑難，林公辯答清析，辭氣俱爽。（文學）

孫興公爲庾公參軍，共遊白石山，衛君長在坐。……庾公曰：「衛風韻雖不及卿諸人，傾倒處亦不近。（賞譽）

冀州刺史楊淮二子喬與髦，俱總角爲成器。……論者評之，以爲喬雖高韻，而檢不匝；樂言爲得，（品藻）

阮渾長成，風氣韻度似父，亦欲作達。（任誕）（註六）

世說新語沒有出現「氣韻」一辭的句例，上文最後一例「風氣韻度」——「風氣」與「韻度」連文運用在對人物才性、風貌的品評上。東晉以後，語言漸趨簡切化，由「風氣韻度」化爲「氣韻」一詞是相當自然的轉變。

南齊書也用「氣」或「韻」字，配合其他文字，構成如「志氣」、「風氣」、「素氣」、「氣幹」、「辭氣」、「風韻」、「緩韻」等詞語，來描繪人物的才性、神情、風度、風貌、音詞等。如：

祖思少有志氣，好讀書史。（卷二十八　崔祖思傳）

象少有風氣，好屬文及玄言。（卷四十八　袁彖傳）

繪之言吐，又頓挫有風氣。（卷四十八　劉繪傳）

張緒凝衿素氣，自然標格。（卷四十八　張緒傳）

周山圖……少貧微，傭書自業。有氣幹，（卷二十九　周山圖傳）

宋明帝頗好言理，以顒有辭義，引入殿內，親近宿直。（卷四十一　周顒傳）

太子與竟陵王子良俱好釋氏，立六疾館以養窮民。風韻甚和，……而性頗奢麗。（卷二十一文惠太子傳）

世隆少立功名，……在朝不干世務，垂簾鼓琴，風韻清遠，甚獲世譽。（卷二十四柳世隆傳）

稚珪風韻清疎，好文詠，（卷四十八　孔稚圭傳）

永明末，京邑人士盛爲文章談義，……時張融、周顒竝有言工，融音旨緩韻，（卷四十八劉繪傳）

王運熙、楊明魏晉南北朝文學批評史說：

「氣韻天成」，意謂作品如人各具氣質、風貌一般，也必然有其生氣勃勃的氣貌、風格，各具獨特的精神風貌。「氣」和「韻」本來都常用於人物品評，指人的性格、氣質等精神面貌方面的特點；「氣」又早已用於評論文章。至於「氣韻」連用，雖未見於《世說新語》等書，但《世說》中有「風氣韻度」、「風韻」等語，「氣韻」之意即與之相似，它可以感覺卻難以縷析，須從總體上加以審美把握。在繪畫理論中，謝赫《古畫品錄》以「氣韻生動是也」作爲「六法」之首，對後世影響極大。在文論中，似是蕭子顯此論最早運用「氣韻」一語。他之言氣韻，也是重視作家個性表現的反映。正由於文章氣韻決定於作家的性靈和審美趣味，而作家的性情、愛好千差萬別，再加上作家構思（「神思」）過程極爲複雜多變，因此文章風貌也就異彩紛呈。創作既是如此，鑒賞和批評同樣也「各任懷抱」，「賞悟紛雜」。在當時，詩文作者往往也就是批評者。總之，蕭子顯強調了文學創作和鑒賞的個性和多樣性。（註七）

上述引文以相當精要的說明蕭子顯氣韻說的大體蘊涵。「氣韻」、「浩然之氣」、「文以氣爲主」的「氣」，都是具有高度的神秘思惟，都是很難用常言常理，借辨析的方式予以實指的。一位作家通過他的外相、內才、性情、神靈等的蘊合去顯示出異於其他作家特殊氣質、風韻等。當「放言落紙」時，這種氣質風韻便隨著作者的題材、體制、詞藻、風骨、體性架構等的結合，表現出異於其他作品的氣質、風韻、格調等。

蕭子顯將「氣韻」歸之於「天成」，也就是說先天自然形成的，不假後天的學習，更非人工的塑造。

在氣韻天成之後，蕭子顯說「若不秉以生靈，遷乎愛嗜」也就是每位作家各有天生的氣韻，因此沒有一位作家不根據自己的靈性及愛好，來創作文學。在各種機緣下出現各類不同的作品，讀者的鑑賞和領悟自然紛雜不一，所謂「機見殊門」，「賞悟紛雜」。在這種情況下，文學批評家們自然也就「各任懷抱」，「共爲權衡」了，南齊書文學傳論說：

> 若子桓之品藻人才，仲治之區判文體，陸機辨於《文賦》，李充論於《翰林》，張眎摘句褒貶，顏延圖寫情興，各任懷抱，共爲權衡。

上文蕭子顯列舉自三國魏至南朝宋的重要文學批評家—魏曹丕、晉摯虞、陸機、李充、時代未詳的張眎、宋顏延之等，主要敘述他們的批評方向與論著重點。劉勰和鍾嶸也都談論過這類批評論著，文心雕龍序志篇說：

> 詳觀近代之論文者多矣，至於魏文述典，陳思序書，應瑒文論，陸機文賦，仲洽流別，宏範翰林，各照隅隙，鮮觀衢路，或臧否當時之才，或銓品前修之文，或汎舉雅俗之旨，或撮題篇章之意。魏典密而不周，陳書辯而無當，應論華而疏略，陸賦巧而碎亂，流別精而少巧，翰林淺而寡要。又君山公幹之徒，吉甫士龍之輩，汎議文意，往往間出，並未能振葉以尋根，觀瀾而索源。不述先哲之誥，無益後生之慮。（註八）

詩品序說：

陸機《文賦》通而無貶。李充《翰林》，疎而不切。王微《鴻寶》，密而無裁。顏延論文，精而難曉。摯虞《文志》，詳而博贍。頗曰知言。觀斯數家，皆就談文體，而不顯優劣。至於謝客集詩，逢詩輒取。張騭《文士》，逢文即書，諸英志錄，並義在文，曾無品第。（註九）

由上可見，在對批評論著的批評上，蕭子顯遠不如劉、鍾二家；但是在印證和互補作用上，蕭子顯這一節文論，依然有他的價値性。

曹丕的文氣說，已被視爲繼莊子之後最出色的天才論（註一〇），而具有天才意蘊的論調，南齊書文學傳論除了「氣韻天成」外，另有「委之天機」、「學亞生知」等詞語，也都在強調文學的第一要件是天生的秉賦。到了北齊的顏之推提出了「必乏天才，勿強操筆」（註一一）、「必有天才，拔群出類」（註一二），算是將文學天才說發展到極致，可謂善繼志者。

【附註】

註一　孟子註疏公孫丑上，頁五四、五五（藝文印書館十三經註疏本）。

註二　莊子集解，頁二四九、二一七（世界書局諸子集成本）。

註三　關於文氣說的起源與發展：可參看孔繁魏晉玄學和文學第三章（中國社會科學出版社）。

註四　許文雨文論講疏本，頁二三（正中書局）。

註　五　羅根澤中國文學批評史第三篇魏晉六朝文學批評史第四章第一節頁五三及第六章第一節頁八七、八八（學海出版社）。

註　六　世說新語，頁一二八、三三五、二四八、一三一、一一九、二六一、三九四（文史哲出版社徐震堮註本）。

註　七　王運熙、楊明魏晉南北朝文學批評史第二章第五節五，頁三一二（上海古籍出版社）。

註　八　文心雕龍卷十，頁二一、二二。開明書店范文瀾註本。

註　九　同註四，頁一七二、一七三。

註一〇　可參見羅根澤中國文學批評史魏晉六朝文學批評史第六章第一節頁八七、八八（學海出版社）。

註一一　顏氏家訓文章篇頁一九三（藝文印書館）。

註一二　同上，勉學篇，頁一二八。

二、神思無象論

神思是文學創作上最起始的推動力，文心雕龍所謂「此蓋馭文之首術，謀篇之大端」（註一）。梁劉勰文心雕龍第二十六篇神思，說明神思的界說、運行、功用、方法等，立論精要整密，至今依然是我國文學批評神思論的主幹。蕭子顯所提出的神思論，寥寥數語，遠不及劉勰；但是論見精闢，卻也能在劉勰神思論的主幹外，旁出別枝，使我國的神思論更上一層樓。

根據我國現存的文獻，「神思」二字最早出現在漢末建安時代。王鍾陵中國前期文化心理研究說：

> 有的論者認爲：「『神思』一詞大約最早是劉勰提出來的，後來，這個詞逐漸爲人採用。」這一看法是不對的，「神思」這個詞並非劉勰新創。孔融在《荐彌衡表》中說，彌衡「性與道合，思若有神。」這兒，「思」和「神」二字雖未連成一詞，但已有結合的趨勢了。曹子建在《寶刀賦》中稱贊建安中魏王命有司所造寶刀，用了「攄神思而造象」一語，「神」與「思」在句中已聯綴爲一詞，用於形容工藝製造之構思。南朝宋代畫家宗炳在《畫山水序》一文中說：「萬趣融其神思」，則進一步把這個詞用之於美術領域。稍後於劉勰，蕭子顯在《南齊書・文學傳論》中，也同樣明確地將之用於文學創作了。他說；「屬文之道，事出神思，感召無象，變化不窮。」上溯西漢，揚雄在《法言・問神》篇中發端便說：「神心惚怳，經緯萬方。」古人以心爲思，心之官則思，所以，這裡講的「神心」，從意義上看，實即「神思」。這比起曹子建之使用「神思」一詞更早了二百年左右。

可見，「神思」一詞，在劉勰之前早就存在了。它是由用「神」狀「思」而形成的。劉勰是第一個將這個詞引進文學理論領域的。然而，蕭子顯稍後於劉勰也從文學理論的角度使用了這個詞，這就說明「神思」這個詞進入文學理論領域在當時已有了必然的趨勢。

南齊書卷五十二文學傳論說：

> 文章者，蓋情性之風標，神明之律呂也。蘊思含毫，遊心內運，……屬文之道，事出神思，感

> 召無象，變化不窮。……應思悱來，勿先構聚。

蕭子顯自序說：

> 若乃登高目極，臨水送歸，風動春朝，月明秋夜，早雁初鶯，開花落葉，有來斯應，每不能已也。……每有製作，特寡思功，須其自來，不以力構。（註三）

上述兩段引文中，「屬文之道」，「事出神思」，「感召無象」，「變化不窮」，是蕭子顯神思論的主題。「事」指文學作品的內容來源—題材而言；題材不外乎人、物、情、景、事、理等，總稱爲「事」。「神思」，正是指神妙的靈思、靈感或想像力等。（註四）

當「物色相召」（註五），「應物斯感」（註六）時，「若乃登高目極，臨水送歸，風動春朝，月明秋夜，早雁初鶯，開花落葉，有來斯應，每不能已也。」，在這種情況之下搖蕩性靈，於是產生了強烈的寫作意願。「蘊思含毫」，「遊心內蘊」，「神思已在飛揚」，恰如劉勰所說：

> 文之思也，其神遠矣。故寂然凝慮，思接千載；悄焉動容，視通萬里；吟詠之間，吐納珠玉之聲；眉睫之前，卷舒風雲之色。（註七）

達到「思理通靈」，「神與物遊」（註八）的境界。梁昭明太子蕭統說「事出於沉思」（註九），試比較蕭子顯「事出神思」；「沉思」和「神思」二者的意趣實在沒有什麼差殊。就「寂然凝慮」（註一○）的內斂沉定功夫說，謂之「沉思」；就「寂然凝慮」的外發神妙作用說，謂之「神思」。

神思的妙用，是自然而至，不假人工。蕭子顯說「應思悱來」，「勿先構聚」，又稱「每有製作，特寡思功，須其自來，不以力構」；這些都在表示想像是應物自然而來，不是強力的思考功夫可以達到的；因此不必預作安排。

應物感蕩，舉筆運思時，大凡親身經歷或取自旁人、古人的過去經驗，和現今的所見所聞，及未來的玄想幻夢所牽涉到人、物、情、景、事、理等題材，都將隨著想像力的創作，建構出如劉勰所說的「神用象通」、「獨照之匠」、「闚意象而運斤」的「象」、「意象」。（註一一）蕭子顯稱「感召無象」，「感召」就是「應思悱來」，應物斯感後，想像所招來的「象」。

「意象」一類含意的「象」字的淵源，可能還要遠溯到先秦時代的周易。

周易上下經分卦象、卦辭、及爻辭三部份，通過卦象及卦爻辭，產生易卦的意旨—卦意。易傳—十翼就是針對卦象、卦爻辭、卦意來作衍釋的。其中象傳上下，分大小象：大象解釋卦象，小象說明爻辭。而繫辭傳上下也對「象」字作多方面的闡釋，如繫辭傳上說：

參伍以變。錯綜其數通其變，遂成天下之文。極其數。遂定天下之象。非天下之至變。其孰能與於此。

是故易有太極。是生兩儀。兩儀生四象。四象生八卦。八卦定吉凶。吉凶生大業。

是故天生神物。聖人則之。天地變化。聖人效之。天垂象見吉凶。聖人象之。河出圖。洛出書聖人則之。

子曰。書不盡言。言不盡意。然則聖人之意。其不可見乎。子曰。聖人立象以盡意。設卦以盡情僞。繫辭焉以盡其言。變而通之以盡利。鼓之舞之以盡神。

是故夫象。聖人有以見天下之賾。而擬諸其形容。象其物宜。是故謂之象。

又繫辭傳下說：

八卦成列。象在其中矣。因而重之。爻在其中矣。剛柔相推變在其中矣。繫辭焉而命。之動在其中矣。

古者包犧氏之王天下也。仰則觀象於天。俯則觀法於地。觀鳥獸之文與地之宜。近取諸身。遠取諸物。於是始作八卦。以通神明之德。以類萬物之情。(註一二)

由上文可知，繫辭傳認爲聖人製作卦象是取則於天地間各種事務的法相，模擬他們的形狀，目的在「通神明之德，類萬物之情」。又引孔子說：「書不盡言，言不盡意」，因此「聖人之象以書意，設卦以盡情僞，繫辭焉以盡其言」。既然易卦「象其物宜」，可以稱作「象」；而文學創作上，由神思感召來的物象，當然也可謂之「象」。就此觀之，由周易的卦象，轉變成文論的意象絕對不是突兀的。

到了三國，曹魏的荀粲，雅尙玄遠，他認爲精微的義理，不是物象能顯現的，立象以盡意，繫辭焉以盡言，都無法通透意外、繫表。(按：指繫辭深層的表徵，也就是言外的旨趣)，因此「象外之意」、「繫表之言」，才蘊藏不露。這就是荀粲所建立的象外說。三國志註引何邵粲別傳說：

粲兄俁難曰：「易亦云聖人立象以盡意，繫辭焉以盡言，則微言胡爲不可得而聞見哉？」粲答曰：「蓋理之微者，非物象之所舉也。今稱立象以盡意，此非通于意外者也，繫辭焉以盡言，此非言乎繫表者也；斯則象外之意，繫表之言，固蘊而不出矣。」（註一三）

與荀粲同時代的王弼，更引薦莊子得意忘言（註一四）的哲學智慧，導入繫辭傳「立象以盡意，繫辭焉以盡其言」的理念中，演繹出得意忘象的認識論（註一五）。周易略例明象篇說：

夫象者，出意者也。言者，明象者也。盡意莫若象，盡象莫若言。言生於象，故可尋言以觀象；象生於意，故可尋象以觀意。意以象盡，象以言著。故言者所以明象，得象而忘言；象者，所以存意，得意而忘象。猶蹄者所以在兔，得兔而忘蹄；筌者所以在魚，得魚而忘筌也。然則，言者，象之蹄也；象者，意之筌也。是故，存言者，非得象者也；存象者，非得意者也。象生於意而存象焉，則所存乃非其象也；言生象而存言焉，則所存者乃非其言也。然則，忘象者，乃得意者也；忘言者，乃得象者也。得意在忘象，得象在忘言。故立象以盡意，而象可忘也；重畫以盡情，而畫可忘也。（註一六）

王弼藉用莊子得兔忘蹄、得魚忘筌、得意忘言的邏輯改動繫辭傳「立象以盡意、繫辭焉以盡其言」單軌交流的理路，演繹爲得意忘象、得象忘言，言、象、意三者層遞而下的連軌思惟。不論荀粲的象外說或王弼的得意忘象論，都是針對易經的卦辭、卦象、卦意立論的。，而劉勰卻將「象」字轉用在文論上，不僅傳承繫辭傳單用的一個「象」字；更取王弼得意忘象中的「意」與「象」，創構出至今依然流行在文學批評界的術語「意象」一詞（註一七）。這「象」或「意象」，是用來表徵通過想像而召致的文學題材的形象；將這形象寫進作品後，就化爲一幅具有生動力的文字畫。劉勰在神思篇中，只重在「象」的通顯，「意象」的窺現；關於象外、言外的旨趣，他只輕描淡寫的說：「至於思表纖旨，文外曲致言所不追，筆固知止。」（註一八）。蕭子顯卻不同，不僅要感召有象，更將理思推升到無象的空靈妙境。

玄學貴無的本體論（註一九）和大乘若學諸法皆空的空寂觀（註二〇），東晉以後漸趨融合，成爲南朝相當流行的主體思潮。論語陽貨篇說：

子曰：予欲無言，子貢曰：子如不言，則小子何述焉？子曰：天何言哉？四時行焉，百物生焉，天何言哉？（註二一）

孔子的無言說雖然遠不如莊子忘言論影響後世之鉅，但是他這種「無」的觀念多少都會影響到一位宗儒者，使他較容易接受玄學的虛無和般若的空寂思想。蕭子顯在南齊書卷五十四高逸傳的史論中，自稱「史臣服膺釋氏」，又在同篇的序文中贊美高逸傳的十餘位人物的服道儒門；他眞是一位儒、佛雙修者。他也曾在高逸傳論中贊評「般若無照，萬法皆空」的能涵括道家的執一虛無，說：

道家之教，執一虛無，得性亡情，凝神勿擾；今則波若無照，萬法皆空，豈有道之可名，寧餘一之可得。

蕭子顯的這種無象論，受有玄學貴無和般若空寂的影響是無法否認的。

由荀粲的象外、王弼的得意忘象，發展到劉勰的象或意象，再轉化至蕭子顯的無象，是我國哲學思辨和文學批評傳棒接力的大躍進。

神思在得象，得象在屬文。由神思感召而來的象，本是晶瑩鮮活，虛幻通靈的；如果我們把它看得過眞過實，當「放言落紙」時，便極容易淪於彫塑化的形似或巧似，產生「從實則無味」（註二二）的弊病，使文章意興索然，生機闕如。

文心雕龍稱「自近代以來，文貴形似」（註二三），詩品也批評顏延之「尚巧似」。顏延之爲劉宋時代的文學領袖，與謝靈運並稱爲「顏謝」，地位在靈運之上。顏之佳處在巧似，其劣處也在巧似。唐代以後，顏詩的文學價值之所以日漸低落，甚至於「顏謝」齊名的地位，也被曾經接受過他援助的陶淵明奪去，就是由於過度的巧似的弊病。蕭子顯提出無象論，正是救助這種弊病的最佳良藥。也只有感召有象而無象，流轉環生，變化不窮，達到劉勰所說「至精而後闡其妙，至變而後通其數。」（註二四）的境界。也只有在有象無象間，「文成筆下」（註二五）時，才能眞能羚羊掛角，無跡可尋。

【附註】

註一　文心雕龍卷六神思篇，頁一。（開明書店范文瀾註本）

註二　王鍾陵前期文化心理研究第五編第七章，頁七一六、七一七。（重慶出版社）

註三　梁書卷三十五蕭子恪傳附蕭子顯傳，頁五一二。（鼎文書局）

註　四　王鍾陵前期文化心理第五編研究第七章神思與意象一文中，認爲神思比想像涵意廣闊得多，說：「總上所述可以看出，對神妙無方、變化之極，寂然凝慮、感而遂通以及妙于語言這三點，劉勰都有精微的論述。「這樣看來，『神思』這一概念的領域就比較廣闊，涉及了形象思維中的許多問題，構成了一個從觸發感悟到妙思之運再到語言表達的完整的涵義系統。以故，我們絕不能將之僅僅歸結爲『想象』一義。『神思』比之『想象』，不僅涵廣闊得多，而且還表現了我們民族傾向於直覺思維的特色。」（頁七二一，重慶出版社）。

註　五　文心雕龍卷十物色篇頁一（開明書店范文瀾註本）。

註　六　同上卷二明詩篇頁一。

註　七　同註一。

註　八　同註一。

註　九　六臣註文選序頁四（廣文書局）。

註一〇　同註一。

註一一　同註一。

註一二　周易正義卷七，頁一五四、一五六、一五七、一五八。卷八，頁一六五、一六六。（藝文印書館十三經注疏本）

註一三　三國志卷十魏書荀彧傳附荀顗傳註引晉陽秋所引何劭粲別傳，頁三一九、三二〇（明倫出版社）。

註一四　引文已見本章第一節二。

註一五　孔繁魏晉玄學與文學第四章（中國社會科學出版社）及趙書廉魏晉玄學探微第三章（河南人民出版社）。

註一六　王弼集校釋頁六〇九（華正書局）。

註一七　范文瀾註文心雕龍神思篇「意象」一詞引王弼得意忘象說，可見范氏以為意象一詞出於王弼，見神思篇註㈠㈠，頁五。

註一八　同註一，頁二。

註一九　趙書廉魏晉玄學探微第三章（河南人民出版社）。

註二〇　同上第十三章（河南人民出版社）。

註二一　論語注疏本頁一五七（藝文印書館十三經注疏本）。

註二二　廣弘明集卷二十三內典碑銘集林序頁十二（臺灣中華書局）。

註二三　同註一物色篇頁二（開明書店范文瀾註本）。

註二四　同註一，頁二。

註二五　新校本南齊書卷五十二文學傳論語，頁九〇九（國史研究室）。

第三節　文學自然觀與聲律論

一、文學自然觀

我國歷代的文風，正如劉勰所稱「黃唐淳而質，虞夏質而辨，商周麗而雅，楚漢侈而豔，魏晉淺而綺，宋初訛而新。」（註一）；由質到訛，「彌近彌澹」，「風味氣衰」。

劉宋一朝的詩歌，大致分三體：一則掃除自西晉永嘉年間歷東晉恬淡無味的玄理詩風，代之以謝靈運爲主，托旨華曠，巧奇迂迴的山水詩；二則上承魏應璩，晉傅玄，以顏延之、謝莊爲主，鎔鑄經誥、緝事比類的事典詩；三則一無依傍，異軍突起，以鮑照爲主，雕藻淫豔，不避危仄的險俗詩。（註二）這三體各有他們的特質與優點，卻也有著共同的弱點，便是采縟綺靡，崇尚巧似。

到了蕭齊，以沈約、謝朓、王融、周顒爲中心的永明體，講究聲律，力求新變，形式美已登峰造極，將詠物的對象，由山水、景物（註三），而轉到了閨闈中的佳麗；結合謝靈運、鮑照及永明體的藝術技巧，妖冶輕豔，柔靡精緻的宮體詩，即可呼之而出。

自魏晉以來發展成熟的駢文，到了南朝，更加繁文密典，工整華麗，非事不用，非對不發；相當形式化的四六文、已漸具雛形。然而華則華矣，麗而無容，風衰氣盡。

遠觀古今文學的發展，面對這種「采濫辭詭」（註四）的時代，偏偏「今才穎之士，刻意學文，多略漢篇，師範宋集」，更使一些先知先覺、見微知著的文學批評家們，憂心忡忡，力想一挽狂瀾。比如劉勰以「還宗經誥」來「矯訛翻淺」；鍾嶸以「直尋」的「自然英旨」去匡救拘攣補衲的詩歌；

（註五）。沈約以自然麗則，欲修正過度的巧奇（註六）等。而這位本身既創作宮體詩又是新變派文學領袖之一的蕭子顯，究竟他要如同編輯宮體詩集玉臺新詠的作者徐陵一般，更提出傾國傾城的豔歌論調，來爲宮體詩推波助瀾（註七），或者要如同上述劉勰、鍾嶸、沈約爲華美的文風痛下定風珠呢？郭紹虞中國文學批評史說：

蕭子顯《南齊書文學傳論》亦云：「委自天機，參之史傳。應思悱來，勿先構聚。言尚易了，這文憎過意。」這文學上的自然論。實是當時文學的對症妙藥。其反對更甚者則有梁裴子野《雕蟲論。》（註八）

郭紹虞眞是蕭子顯千秋後的知音。

蕭子顯在南齊書文學傳論及梁書、南史本傳載錄的自序二文中，只是零零星星發出一些文學的自然思緒；但是經過我們的整理與歸納，卻像是一篇相當簡要而且有體系的文學自然創作論。茲分述如下：

首先我們接觸到文學的眞諦問題。南齊書文學傳論稱「氣韻天成」、「委自天機」、「學亞生知」，都是在強調文學創作的第一要件是自然稟賦的文學天才，這種天賦是自然而來的，不因學習或外鑠而致。

沈約謝靈運傳論說「至於高言妙句，音韻天成，皆闇與理合，匪由思至。」（註九），又南齊書卷五十二陸厥傳沈約與陸厥書稱「故知天機啓，則律呂自調」。「音韻天成」，是指憑著天賦自然合乎聲律的原則。「天機啓」，是指天然的靈機（靈思、靈感等）的興起。

沈約是南齊的文學領袖，和蕭子顯一家關係密切，曾大加讚賞蕭子顯的鴻序賦，蕭子顯的父親蕭嶷死後，也是沈約作的碑文。由此看來，沈約的文論對蕭子顯必然會有相當大的影響力。（註一〇）試比較「音韻天成」與「氣韻天成」，「天機啓」與「委自天機」。「天成」、「天機」不僅用詞相同，而且意韻也相似。二者的淵源關係，是相當明顯的。

在蕭子顯自序中，藉著自己的寫作經驗說「若乃登高目極，臨水送歸，風動春朝，月明秋夜，早雁初鶯，開花落葉，有來斯應，每不能已也」，蕭子顯在告訴我們，文學創作的原動力是自然的情景，情一景來，就能感應而作，無法扼阻。他又載錄一段梁武帝令他作詩的故事說：

天監十六年，始預九日朝宴，稠人廣坐，獨受旨云：「今雲物甚美，卿得不斐然賦詩？」詩既成，又降帝旨曰：「可謂才子。」

「雲物甚美」、「斐然賦詩」，既然應景而作，這種神來之筆，便是文學天才的顯現，「可謂才子」。

自序又說「每有製作，特寡思功，須其自來，不以力構」，文學傳論也稱「應思悱來，勿先構聚」。一位具有文學天賦的人，當應物思感時，神思自然運行，振筆直書，源源不絕的詞語自然流露，不必運用思考的功夫，努力刻鏤造景；也不必預作安排，爲文會情。

關於文學語言的運用，蕭子顯提出文學易曉說，要求「言尚易了」（文學傳論）。由於駢文繁文博採，偶句儷篇的影響，謝天才、表學問的修辭方式，已不是事典詩創作者的專利，其他詩體也漸趨向於學術化，開唐宋詩歌學術化的先河。更由於聲律的拘制，儘管有江南民歌通俗活潑的刺激，但是一般的正統詩壇，語言文字已漸趨艱深晦澀，蕭子顯提出「言尙易了」的論見，正是治療這種詭濫的藥劑。

沈約也有所謂三易論，見於顏氏家訓，說：

> 沈隱侯曰：文章當從三易：易見事，一也，易識字，二也；易讀誦，三也。邢子才常曰沈侯文章用事不使人覺。（註一一）

沈約的三易論，正是蕭子顯「言尙易了」說的最佳註脚。

關於文與意的配合，也就是文與質、形式與內容的問題，蕭子顯提出了「文憎過意」（文學傳論）說。又「談家所習，理勝其詞，就此求文，終然翳奪」（同上），蕭子顯指出清談理勝其辭的表達方式，缺乏文學的本質（註一二）；也就是在開示：文學作品不可以理勝其辭。

既然「文憎過意」，「意」便是文學的主幹，范曄「文以意爲主」的見解正是蕭子顯「文憎過意」的最佳說明。范曄獄中與諸甥姪書說：

> 故當以意爲主，以文傳意。以意爲主，則其旨必見；以文傳意，則其詞不流。然後抽其芬芳，振其金石耳。（註一三）

既然不可理勝其辭，遣詞造句時，講究麗藻是必然的態勢。南齊書文學傳贊，共四句，只提出了三個理念：一是學亞生知，已見上述；二是多識前仁，請參看本章第四節一；最後一個理念，蕭子顯運用意象化的表達方式，提出文麗的主張，「文成筆下，芬藻麗春」（文學傳論）。「文成筆下」，令人感受到神來之筆，自然灑落，一揮而就，無所點定的快筆快文；「芬藻麗春」，使人遐思到有香有色的秀美詞藻，織出的一幅美麗生動的春畫。又在南齊書文學傳論中，蕭子顯提及吟詠的模範詩文時，以「平子之華篇」對「魏文之麗篆」，可見蕭子顯對文學自然的美，依然是緊緊掌握的。

這種文麗的講求，魏晉至南朝的文論家大都如此；但是對蕭子顯影響最大的可能還是沈約。沈約報王筠書說：

> 覽所示詩，實爲麗則，聲和被紙，光影盈字。（註一四）

又報劉杳書說：

> 君愛素情多，惠以二贊。辭采妍富，事義畢舉，句韻之間，光影相照，便覺此地，自然十倍。故知麗辭之益，其事弘多。（註一五）

由上述引文可知，自然麗則是沈約文論的中心。

「文憎過意」，就是不可過於尚文，必須注重文章的內容—質；不可「理勝其辭」，就是不可過於尚質，必須講求文章的形式—文。這不就是質文並重的論調嗎？

蕭子顯更提出理想的詩體，「不雅不俗，獨中胸懷」（文學傳論）。詩歌是雅是俗，完全憑藉作者描繪胸懷的需要，也就是說，文章內容需要雅就雅，需要俗就俗，自然的風標，自然的律呂，不是爲文造雅造俗。

劉勰稱「斯斟酌乎質文之間，而檃括乎雅俗之際，可與言通變矣。」（註一六）與蕭子顯「文憎過意」，不可「理勝其辭」、「不雅不俗，獨中胸懷」的理念，不是有著一致的思路嗎？

綜觀上述，我們從蕭子顯零零星星有關文學自然觀的詞句中，整理歸納出較有體系的文學自然創作論：自然稟賦的文學天才、自然情景是文學創作的原動力、不假思功的自然神思、自然易曉的語言表達、文質並重與雅俗共濟的自然創作論。

劉躍進永明文學研究，在述及永明時期的文學思潮時說：

> 從總的創作傾向來看，永明詩人還是把平易自然作爲他們的審美理想，孜孜以求，蕭子良曾提出，不管是人品還是詩品，都應以「含眞抱璞」（《與南郡太守劉景蕤書》）爲美（註一七）

按：蕭子良與南郡太守劉景蕤書說：

> 冬去因君與劉居士書、今春得其返价、辭趣翩翩、足有才藻、實子雲之筆札、元瑜之書記、仲復咨嗟、彌用欽想、此子含眞抱璞、比調雲霞、背俗居幽（註一八）

「少有輕尚，禮才好士」（註一九）的竟陵王子良，是蕭子顯的堂兄，比蕭子顯大二十七歲。永明年間，當他開講於西邸時「傾意賓客」，「天下才學皆遊集焉」；不僅竟陵八友沈約、謝朓、王融、任昉、范雲、陸倕、蕭衍、蕭琛等，還有許多當代知名的文士，如張融、周顒、劉繪等，都匯聚在他的門下。雖然永明詩人活動最盛的永明年間，蕭子顯只是正在成長中的稚童；（註二〇）。但是這齊世最豐華的文學風潮，永明詩人的創作風格和文論傾向，對早秀的蕭子顯，必然是有鉅大影響的。

蕭子良「含眞抱璞」的論調，正是莊子自然主義的精神。

南齊書卷四十一張融傳，蕭子顯詳細的載錄張融的文學意向，其門律自序說：

政以屬辭多出，比事不羈，不阡不陌，非途非路耳。然其傳音振逸，鳴節竦韻，或當未極，亦已極其所矣。汝若復別得體者，吾不拘也。吾義亦如文，造次乘我，顛沛非物。吾無師無友，不文不句，頗有孤神獨逸耳。

由上述張融那種平易自然，自由飄逸的創作風格可知，他也是一位文學創作自然主義者。

永明詩人中，蕭子顯相當推崇謝朓，南齊書卷四十七謝朓傳說：

朓少好學，有美名，文章清麗。……朓善草隸，長五言詩，沈約常云「二百年來無此詩也」。敬皇后遷祔山陵，朓撰哀策文，齊世莫有及者。

蕭子顯用他的審美座標「輕麗」來評賞謝朓的文章。

謝朓是繼謝靈運之後，風靡宋齊之間，「至爲後進士子所嗟慕。」（註二一）的第一流詩人，他不僅「奇章秀句往往警遒」；而且他的文論尤其卓出，爲當代所崇詠。鍾嶸詩品置謝朓於中品，在品評謝朓的詩風後，鍾嶸自述與謝朓論詩，「感激頓挫過其文」，可見鍾嶸對謝朓的文論相當贊賞。

很遺憾的是謝朓的文論大多已亡佚，梁書王筠傳曾載錄沈約讚美謝朓「好詩圓美流轉如彈丸」（註二二）的詩論。「圓美流轉如彈丸」，眞是把莊子「舒得其環中」（註二三）的自然圓通之美發揮得淋漓盡致。劉勰的文論的最高昇華，也在以自然之道得其「舒轉自如」的環中之美（註二四）。

總之，蕭子顯文學自然觀薪傳自永明文學平易自然的思潮，是可以確認的。唐朝的詩仙李白曾讚賞謝朓說「蓬萊文章建安骨，中間小謝最清發」（註二五），這「清發」，不正是蕭子顯「芬藻麗春」的氣象嗎？

【附註】

註一　文心雕龍卷六通變篇頁十八（開明書店）范文瀾註本。凡本段括號中詞語，同此。

註二　劉宋文學三體，是我們根據各種史料，參考各家文論，通觀由漢至南朝文學的發展態勢，以蕭子顯南齊書文學傳論爲主幹，歸納而成。請參看本章第四節二。

註三　關於詠物詩，可參看洪順隆六朝詩論六朝詠物詩研究（文津出版社）。

註四　同註一卷七情采篇。本段其餘括號中詞語，同註一。

註五　參見鍾嶸詩品序，頁一七二（正中書局許文雨文論講疏本）。

註六　沈約自然麗則的論調，請參見下文分析。

註七　參看徐陵玉臺新詠序（明文書局玉臺新詠箋注）。

註八　郭紹虞中國文學批評史第二章第六節，頁一六四（明倫出版社）。

註九　新校本宋書卷六十七謝靈運傳，頁一七七九（鼎文書局）。

註一〇　參見本論文第二章第二節一。

註一一　顏氏家訓文章篇，頁二〇一（藝文印書館）。

註一二　參見本章第一節二。

註一三　新校本宋書卷六十九范曄傳，頁一八二九、一八三〇、一八三一（鼎文書局）。

註一四　梁書卷三十三王筠傳，頁四八五（鼎文書局）。

註一五　梁書卷五十劉杳傳，頁七一五（鼎文書局）。

註一六　同註一。

註一七　劉躍進永明文學研究第二章第三節一，頁一〇四、一〇五（文津出版社）。

註一八　漢魏六朝百三名家集南齊竟陵王集卷，頁二八八八（文津出版社）。

註一九　新校本南齊書卷四十蕭子良傳，頁六九四（國史研究室）。

註二〇　竟陵王子良開講西邸的時間，說法不一。早則永明二年（西元四八四年），蕭子顯出生前三年左右；次則永明五年（西元四八七年）蕭子顯出生之年，晚則永明八年（西元四九〇年），蕭子顯四歲。永明共十一年，蕭子良卒於鬱林王隆昌元年（西元四九四年），子顯才八歲，竟陵八友除王融、謝朓在南齊被殺外，其他六位都入梁。因此永明文學的年限可能須延長至天監十二年（西元五一三年）沈約死年爲止，這時蕭子顯已二十七歲。

註二一　鍾嶸詩品卷中，頁二五〇（正中書局許文雨文論講疏本），本段括號中詞語，同此。

註二二　梁書卷二十八王筠傳（鼎文書局）。

註二三　莊子齊物論：「彼是莫得其偶。謂之道樞。樞始得其環中。以應无窮。」頁三一，莊子集解（世界書局諸子集成本）。

註二四　文心雕龍卷六體性篇：「故童子雕琢，必先雅製，沿根詩葉，思轉自圓，八體雖殊，會通合數，得其環中，則輻輳相成。」頁九（開明書店范文瀾註本）。

註二五　李太白宣州謝朓樓餞別校書叔雲詩—唐宋詩舉要卷一，頁一八五、一八六（高步瀛學，藝文印書館）。

二、聲律論

我國語言的主流，是漢語。漢語屬單音節語言，一個字一個音節。每一個字的語音，是由聲母、韻母和聲調構成的。最古的漢語詞彙，每個字都有完整獨立意義，也就是一個字即是一個詞。從甲骨文、金文、周易、尙書、詩經等古文獻，向後期的文獻觀察，由兩字以上構成的複合詞，已漸趨繁衍；除了現代漢語的兒話韻外，都未如拼音文字般，有著聯音的組合，而是複音詞的每一個成份—每一個字，依然保持單音節的獨立性。這種單音節的特殊性，使國人取用語言文字於文學作品上時，很容易比對每一個字音聲母、韻母、聲調的異同，來創造出類同歧異、工整等形式美。自詩經以來，由雙聲字、疊韻字所構成的雙音節衍聲複詞，以多樣性的活躍在作品中，而詩歌的押韻技巧已漸趨成熟。由此可見，在魏晉南北朝以前，文士們已剖析歸納出漢語聲、韻母的體系，而將之運用在文學的修辭技巧上。

至於聲調方面，南北朝以前，正如沈約所稱「自騷人以來，多歷年代，雖文體稍精，而此秘未覩。」。（註一）自東漢明帝以後，佛教傳入中國，魏晉南北朝時，中外名僧、文士們，大力翻譯佛經，印度的聲明論，隨著梵文的譯讀，傳入中國，激起我國文士們分析、歸納漢語聲調的興趣。南齊武帝永明年間（「永明」共十一年，西元四八三至四九三年），沈約、謝朓、王融、周顒等人，是我國最早認識漢語具有平、上、去、入四個聲調者，而且他們更將聲調的浮切美，運用在文學創作。沈約的四聲譜、周顒的四聲切韻，就是我國最早的聲調辭典。梁書卷十三沈約傳說：

又撰《四聲譜》，以爲在昔詞人，累千載而不寤，而獨得胸衿，窮其妙旨，自謂入神之作。（註二）

沈約在宋書卷六十七謝靈運傳論中，提出聲律論，說：

夫五色相宣，八音協暢，由乎玄黃律呂，各適物宜。欲使宮羽相變，低昂互節，若前有浮聲，則後須切響。一簡之內，音韻盡殊；兩句之中，輕重悉異。妙達此旨，始可言文。（註三）

南齊書卷五十二陸厥傳說：

永明末，盛爲文章。吳興沈約、陳郡謝朓、琅邪王融以氣類相推轂。汝南周顒善識聲韻。約等文皆用宮商，以平上去入爲四聲，以此制韻，不可增減，世呼爲「永明體」。

由上可知，永明體是指沈約等人發現平、上、去、入四聲後，將平、上、去、入浮聲切響的區別，運用在作品的字句間，來創造聲律的諧合變化美的一個體派。

沈約等人提出聲韻論後，文壇上有著強烈的反應，或贊成或反對。梁武帝蕭衍便不贊成沈約的四聲說，梁書沈約傳載錄沈約撰四聲譜後，說：

高祖雅不好焉。帝問周捨曰：「何謂四聲？」捨曰：「天子聖哲」是也，然帝竟不遵用。（註四）

梁鍾嶸詩品序也以自然的韻律去匡正齊梁以來已經盛行的形式韻律，說：

昔曹劉殆文章之聖，陸謝爲體貳之才，銳精研思，千百年中，而不聞宮商之辨，四聲之論。或謂前達偶然不見，豈其然乎。

嘗試言之，古曰詩頌，皆被之金竹。故非調五音無以諧會。若「置酒高堂上，」「明明照高樓，」爲韻之首。故三祖之詞，文或不工，而韻入歌唱。此重音韻之義也。與世之言宮商異矣。今既不被管絃，亦何取于聲律耶。

齊有王元長者，嘗謂余云：「宮商與二儀俱生，自古詞人不知之，惟顏憲子乃云「律呂音調。」而其實大謬。唯見范曄謝莊頗識之耳。常欲進知音論未就。王元長創其首，謝脁沈約揚其波。三賢或貴公子孫。幼有文辯，於是士流景慕，務爲精密。襞積細微，專相凌架。故使文多拘忌，傷其眞美。余謂文製本須諷讀，不可蹇礙。但令清濁通流，口吻調利，斯爲足矣。至平上去入，則余病未能。蜂腰鶴膝，閭里已具。（註五）

劉勰相當贊成聲律說，文心雕龍曾設有專篇，討論聲律。

不論文學批評家們是贊成是反對，自沈約等人發現四聲後，講求聲律已經成爲文學創作界不可遏阻的態勢。永明體聲律論的光音，不僅籠罩齊梁陳三朝，而且綿延流長，至隋唐以後。律詩、絕句、詞、曲、律賦等文體，講究聲律都是作品必備的條件。

蕭子顯出生於永明五年，成長於齊梁，永明詩人與永明體對他有著相當大的影響，他的贊成聲律論是必然的。

南齊書文學傳論，將「俱五聲之音響，而出言異句」，視爲「屬文之道」的必備條件。稍後，當他提出理想詩體時，也稱「吐石含金，滋潤婉切。雜以風謠，輕脣利吻」。這段詞句中，蕭子顯提出兩個相反相成的理念：其一「吐石含金，滋潤婉切」，便是運用合乎浮聲切響的形式韻律，來創造「滋潤婉切」的韻律美；其二「雜以風謠，輕脣利吻」便是採用古樂府詩、吳歌西曲等民歌自然活潑的風調，而達到「輕脣利吻」的韻律美。這種「輕脣利吻」不是和鍾嶸的「口吻調利」相契合嗎？關於「吐石含金」的形式韻律與「雜以風謠」之間的襯合，請參閱第四節二理想詩體。

蕭子顯在南齊書陸厥傳中，除了記載上述對永明體的說明外，更收錄陸厥與沈約書、沈約答陸厥書。這兩封書信都是針對宋書謝靈運傳論沈約所提出的聲律理論，來作釋疑、補闕用的。這些珍貴的史料，成爲我國聲律論上，最具價值性的第一手資料。

【附註】

註一　新校本宋書卷六十七謝靈運傳論，頁一七七九（鼎文書局）。

註二　梁書，頁二四三，鼎文書局。

註三　同註一。

註四　同註二。

註五　許文雨文論講疏本，頁一七五、一七六（正中書局）。

第四節　文體說與文章四體論

羅根澤中國文學批評史說：

中國所謂文體，有兩種不同的意義：一是體派之體，指文學的作風而言。如元和體，西崑體，李長吉體，李義山體，……皆是也。一是體類之體，指文學的類別而言（註一）

正如上述引文的分類，蕭子顯南齊書文學傳論中的文體，也具含著雙層意義：一是就體裁而言的作品類別；二是就作風而言的文學派系。下文便從這兩方面加以縷析。

【附註】

註一　第三篇魏晉六朝文學批評史第三章一文體三義，頁二九（學海出版社）

一、文體說

關於文學作品的體裁，南齊書文學傳論說：

吟詠規範，本之雅什，流分條散，各以言區。若陳思《代馬》群章，王粲《飛鸞》諸製，四言之美，前超後絕。少卿離辭，五言才骨，難與爭騖，桂林湘水，平子之華篇，飛館玉池，魏文之麗篆，七言之作，非此誰先。卿、雲巨麗，升堂冠冕，張、左恢廓，登高不繼，賦貴披陳，未或加矣。顯宗之述傳毅，簡文之摛彥伯，分言制句，多得頌體。裴頠內侍，元規鳳池，子章以來，章表之選。孫綽之碑，嗣伯喈之後，謝莊之誄，起安仁之塵，顏延《楊瓚》自比《馬督》，以多稱貴，歸莊爲允。王褒《僮約》，束皙《發蒙》，滑稽之流，亦可奇瑋。五言之製，獨秀眾品。

下文將依序歸納出上述引文中的文體及範例。

甲、詩

㈠四言

1.陳思代馬群章—魏曹植朔風詩（收入昭明文選卷二十九）

按：曹植，字子建，魏沛國譙人。魏武帝曹操之子，文帝同母帝。生於漢獻帝初平三年（西元一九二年），卒於魏明帝太和六年（西元二三二年），年四十一。封陳王，謚日思，故世稱陳思王。年十歲餘，誦讀詩論及辭賦數十萬言，善屬文。出言爲論，下筆成章。爲文詞采華茂，氣骨奇拔。事蹟見三國志魏書卷十九陳思王傳。鍾嶸詩品置曹植於上品，稱「其源出於《國風》。骨氣奇高，詞采華茂，情兼雅怨，體被文質。粲溢今古，卓爾不群」（註一）。雖然詩品是針對五言詩立論，但是有關曹植的評語也可兼顧到其他詩體。

2.王粲飛鸞諸製—魏王粲贈蔡子篤詩。（收入昭明文選卷二十三）

按：王粲，字仲宣，山陽高平人。生於漢靈帝熹平六年（西元一七七年），卒於漢獻帝建安二十二年（西元二一七年），年四十一。善屬文，舉筆便成，無所改定。事蹟見三國志魏書卷二十一王粲傳。

詩品置王粲於上品，稱「其源出於李陵。發愀愴之詞，文秀而質羸」。

又文心雕龍明詩篇說：

若夫四言正體，則雅潤爲本；五言流調，則清麗居宗；華實異用，惟才所安。故平子得其雅，叔夜含其潤，茂先凝其清，景陽振其麗。兼善則子建仲宣，偏美則太沖公幹。（註二）

劉勰稱四言詩及五言詩，「兼善則子建仲宣」，由鍾嶸及劉勰二家的敘述可知曹植、王粲不僅長於五言也兼善四言。

(二)五言

少卿離辭，五言才骨—漢李陵與蘇武詩（收入照明文選卷二十九）

按：李陵，字少卿，漢隴西成紀人。生年不詳，卒於漢照帝元平元年（西元前七十四年）。善騎射，謙讓下士，甚得名譽，與蘇武詩甚悽愴。事蹟見史記卷一百零九李將軍列傳及漢書卷五十四李廣傳。

李陵是我國最早的五言詩作家，詩品置於上品，稱「其源出於楚辭。文多悽愴，怨者之流」

(三)七言

1.桂林湘水，平子之華篇—漢張衡四愁詩（收入昭明文選卷二十九）

按：張衡，字平子，南陽西鄂人。生於漢章帝建初三年（西元七十八年），卒於漢順帝永和四年（西元一三九年），年六十二。善屬文，通五經，貫六藝。事蹟見後漢書卷五十九張衡傳。

四愁詩爲我國最早的七言古詩。

2.飛館玉池，魏文之麗篆—魏曹丕燕歌行（收入昭明文選卷二十七）

按：魏文帝曹丕，字子桓，魏沛國譙人。生於漢靈帝中平四年（西元一八七年），卒於魏文帝黃初七年（西元二二六年），年四十。好文學，以著述爲務，天資文藻，下筆成章，博聞彊識，才藝兼該。事蹟見三國志魏書卷二文帝紀。

曹丕燕歌行是繼張衡四愁詩之後，我國最早、最成熟的七言古詩。

乙、賦

1.卿、雲巨麗，升堂冠冕——漢司馬相如、揚雄之賦。

按：司馬相如，本名犬子，字長卿，蜀郡成都人。約生於漢文帝初年（西元前一七九年左右），卒於漢武帝元狩六年（西元前一一七年），年六十餘。好讀書，善辭賦。事蹟見史記卷一百一十七及漢書卷五十七上、下。

又揚雄，字子雲，蜀郡成都人。生於漢宣帝甘露元年（西元前五十三年），卒於新莽天鳳五年（西元十八年），年七十一。好學，善辭賦。慕司馬相如，多擬其賦。事蹟見漢書卷八十七上、下揚雄傳。

2.張、左恢廓，登高不繼——漢張衡、晉左思之賦。

按：張衡，上文已見。

又左思，字太沖，齊國臨淄人。生卒年不詳。博覽名文，遍閱百家，家世儒學。著三都賦，晉張華讚曰「此二京可三」，與漢班固兩都賦、張衡二京賦，並爲三大京都賦。事蹟見晉書卷九十二文苑列傳。

丙、頌

1.顯宗之述傅毅——漢傅毅顯宗頌。

按：傅毅，字武仲，扶風茂陵人。約生於漢光武帝建武二十三年（西元四十七年），卒於漢和帝永元四年（西元九十二年）後不久。後漢書卷八十上傅毅傳說：

毅追美孝明皇帝功德最盛，而廟頌未立，乃依《清廟》作《顯宗頌》十篇奏之，由是文雅顯於朝廷。（註三）

文心雕龍頌讚篇也稱贊顯宗頌，說：

若夫子雲之表充國，孟堅之序戴侯，武仲之美顯宗，史岑之述熹后，或擬清廟，或範駉那，雖淺深不同，詳略各異，其褒德顯容，典章一也。

2.簡文之摛彥伯—晉袁宏簡文帝頌。

按：袁宏，小名虎，字彥伯，陽夏人。生於晉成帝咸和三年（西元三二八年），卒於晉孝武帝太元元年（西元三七六年），年四十九。善辭賦，文采彪炳。晉書卷九十二袁宏傳說：

宏見漢時傅毅作顯宗頌，辭甚典雅，乃作頌九章，頌簡文之德，上之於孝武。

丁、章表

1.裴頠內侍—晉裴頠讓表。

按：裴頠，字逸民，河東聞喜人。生於晉武帝太始元年（西元二六七年），卒於晉惠帝永康元年（西元三〇〇年），年三十四。深患時俗放蕩，不尊儒術，善談玄理，著崇有論。晉書卷三十五裴頠傳說：

每授一職，未嘗不殷勤固讓，表疏十餘上，博引古今成敗以爲言，覽之者莫不寒心。

李充翰林論也贊美裴頠讓表，說：

表宜以遠大爲本，不以華藻爲先。若曹子建之表，可謂成文矣。諸葛亮之表劉主，裴公之辭侍中，羊公之讓開府，可謂德音矣。（註四）

2.元規鳳池——晉庾亮讓中書表（收入昭明文選卷三十八）

按：庾亮，字元規，潁川鄢陵人。生於晉武帝太康十年（西元二八九年），卒於晉成帝咸康六年（西元三四〇年），年五十二。善談論，好老莊，淵雅有識。事蹟見晉書卷七十三庾亮傳。

文心雕龍章表篇贊美庾亮讓中書表，說：

及羊公之辭開府，有譽於前談；庾公之讓中書，信美於往載。序志顯類，有文雅焉。

又才略篇說：

庾元規之表奏，靡密以閑暢。

南齊書文學傳論舉裴頠、庾亮二家後，稱「子章以來，章表之選」。「子章」不詳何人，王運熙、楊明魏晉南北朝文學批評史認爲「子章」爲「孔璋」之誤（註五）。

按：陳琳，字孔璋，廣陵人。生年不詳，卒於漢獻帝建安二十二年（西元二一七年）。爲建安七子之一。先後爲袁紹典文筆，曹操掌軍國書檄。魏文帝與吳質書稱「孔璋章表殊健，微爲繁富」。事蹟見三國志魏書卷二十一陳琳傳。

陳琳善章表，文心雕龍章表篇說：

琳瑀章表，有譽當時；孔璋稱健，則其標也。

戊、碑

1.孫綽之碑—晉孫綽碑文

按：孫綽，字興公，晉太原中都人。生卒年不詳，約晉元帝永昌元年（西元三二二年）至晉孝武帝太原五年（西元三八〇年）前後在世，年五十八。博學善屬文，自比山濤，絕重張衡、左思之賦，爲東晉一代文宗。晉書卷五十六孫綽傳說：

綽少以文才垂稱，于時文士，綽爲其冠。溫、王、郗、庾諸公之薨，必須綽爲碑文，然後刊石焉。

又文心雕龍誄碑篇也稱「孫綽爲文，志在碑誄」。

2.嗣伯喈之後—漢蔡邕碑文。

按：蔡邕，字伯喈，陳留圉人，生於漢順帝陽嘉二年（西元一三三年），卒於漢獻帝初平三年（西元一九二年），年六十。少博學，好辭章、數術、天文、妙操音律、善鼓琴，漢靈帝熹平四年（西元一七五年）正定六經文字，邕自書冊於碑，號稱熹平石經。事蹟見後漢書卷六十下蔡邕傳。

邕善屬碑文，文心雕龍誄碑篇說：

自後漢以來，碑碣雲起。才鋒所斷，莫高蔡邕。觀楊賜之碑，骨鯁訓典，陳郭二文，詞無擇言。周乎眾碑，莫非清允。其敘事也該而要，其綴采也雅而澤。清詞轉而不窮，巧義出而卓立。察其為才，自然而至。

己、誄

1.謝莊之誄—宋謝莊誄文

按：謝莊，字希逸，陳郡陽夏人。生於宋武帝永初二年（西元四二一年），卒於宋明帝太始二年（西元四六六年），年四十六。年七歲，能屬文，通論語。分左氏經傳，隨國立篇。善辭章，有文才。事蹟見宋書卷八十五、南史卷二十謝莊傳。謝莊曾作宋孝武宣貴妃誄（收入昭明文選卷五十七），南史卷十一宣貴妃傳說：

謝莊作哀策文奏之，帝臥覽讀，起坐流涕曰：「不謂當今復有此才。」都下傳寫，紙墨為之貴。

謝莊又撰劉琨之誄。宋書卷五十一營浦侯遵考傳附劉琨之傳，稱竟陵王誕作亂，琨之殉國，「詔吏部尚書謝莊為之誄」。南史卷十三同。

2.顏延《楊瓚》—宋顏延之楊給事誄（收入昭明文選卷五十七）

按：顏延之，字延年，琅邪臨沂人。生於晉孝武帝太元九年（西元三八四年），卒於宋孝武帝孝建三年（西元四五六年），年七十三。博學，善屬文。文辭藻麗，與謝靈運齊名，並稱顏謝。事蹟見宋書卷七十三、南史卷三十四顏延之傳。顏延之作陽瓚誄，見宋書卷九十五索虜傳，稱陽瓚為國捐軀後，「文士顏延之為誄焉」。

3.起安仁之塵—晉潘岳誄文。

自比《馬督》—晉潘岳馬汧督誄。

按：潘岳，字安仁，滎陽中牟人。生年不詳，卒於晉惠帝永康元年（西元三〇〇年）。少以才穎見稱，鄉邑號爲奇童。善屬文，晉書卷五十五潘岳傳說：

岳美姿儀，辭藻絕麗，尤善爲哀誄之文。

文心雕龍誄碑篇說：

潘岳構意，專師孝山，巧於序悲，易入新切。

庚、滑稽文（諧隱文）

1.王褒《僮約》—漢王褒僮約篇

按：王褒，字子淵，蜀人，生年不詳，卒於漢宣帝神爵元年（西元前六十一年）。通音律，善歌詩。有僮約一文，滑稽之流。事蹟見漢書卷六十四下王褒傳。

2.束晳《發蒙》—晉束晳發蒙記

按：束晳，字廣微，陽平元城人。約生於晉武帝（西元二六五年左右），約卒於晉惠帝光熙中（西元三〇六年左右）。年四十。博學多聞，晉書卷五十一束晳傳說：

晳才學博通，所著《三魏人士傳》，《七代通記》，《晉書紀》、《志》，遇亂亡失。其《五經通論》、《發蒙記》、《補亡詩》、文集數十篇，行于世云。

文心雕龍諧隱篇說：

然而懿文之士，未免枉轡；潘岳醜婦之屬，束晳賣餅之類，尤而效之，蓋以百數。魏晉滑稽，盛相驅扇。

由上述的歸納可知，蕭子顯只提出七種文體：詩、賦、頌、章表、碑、誄、滑稽文等，詩體又分四言、五言、七言三種。曹丕典論論文說：

夫文本同而末異，蓋奏議宜雅，書論宜理，銘誄尚實，詩賦欲麗，此四科不同，故能之者偏也。（註六）

又陸機文賦說：

詩緣情而綺靡。賦體物而瀏亮。碑披文以相質。誄纏綿而悽愴。銘博約而溫潤。箴頓挫而清壯。頌優游以彬蔚。論精微而朗暢。奏平徹以閑雅。說煒曄而譎誑。雖區分之在茲亦禁邪而制放。（註七）

將蕭子顯的七類文體，與上文曹丕的八類、陸機的十類相比較，顯然的，蕭子顯不僅未能長進，反而少衰。與蕭子顯同時代而稍早成書的劉勰文心雕龍，論及文體的篇目，自明詩第六，至書記二十五，共二十篇，文體有數十種之多，研考精詳，舉證該博。蕭子顯文體說更是望塵莫及。但是蕭子顯舉出的範例，依然或多或少具有補闕互證的功用。

蕭子顯文體說的最高價值，在肯定五言詩體的卓越性，「五言之製，獨秀衆品」，斬釘截鐵，沒有任何的猶豫和折衷。

五言詩體歷經兩漢的成立期，自建安時代漸臻成熟，成爲魏晉南北朝最盛行的詩體。由於詩經以四言爲主，經典的正統意識，牢固的扣緊文論家的思惟。儘管文壇上，四言詩已趨衰微，少有名作，而五言騰躍，佳麗倍出；但是大多的文論家們依然不敢正視五言詩體，而以四言爲正，如晉摯虞文章流別論說：

書云「詩言志，歌永言」，言其志謂之詩。古有採詩之官，王者以知得失。古之詩有三言，四言，五言，七言，九言。古詩率以四言爲體，而時有一句二句雜在四言之間。後世演之，遂以爲篇。……夫詩雖以情志爲本，而以成聲爲節；然則雅音之韻，四言爲正，其餘雖備曲折之體，而非音之正也。（註八）

有些文論家們，甚至於堅持反對五言詩體，認爲於古無徵，宜加斥棄，如梁裴子野雕蟲論說：

其五言爲家，則蘇李自出，曹劉偉其風力，潘陸固其枝葉。爰及江左，稱彼顏謝，箴繡鞶帨，無取廟堂。宋初迄于元嘉，多爲經史。大明之代，實好斯文。高才逸韻，頗謝前哲，波流相尚茲有篤焉。自是閭閻年少，貴游總角，同不擯落六藝，吟詠情性。學者以博依爲急務，謂章句爲專魯，淫文破典，斐爾爲功。（註九）

一些較開明的文論家們雖然已經接受五言詩體，但卻不敢過度違經背道，依然主張以四言爲正體，如劉勰文心雕龍明詩篇說：

若夫四言正體，則雅潤爲本；五言流調，則清麗居宗；華實異用，惟才所安。

劉勰更爲五言詩探尋到於古有徵，說：

孝武愛文，柏梁列韻，嚴馬之徒，屬辭無方。至成帝品錄，三百餘篇，朝章國采亦云周備，而辭人遺翰，莫見五言，所以李陵班婕妤，見疑於後代也。按召南行露，始肇半章；孺子滄浪，亦有全曲；暇豫優歌，遠見春秋；邪徑童謠，近在成世；閱時取證，則五言久矣。

鍾嶸詩品序說：

夫四言，文約意廣，取效《風騷》，便可多得。每苦文繁而意少，故世罕習焉。五言居文詞之要，是眾作之有滋味者也。故云會於流俗。豈不以指事造形，窮情寫物，最爲詳切者邪。

鍾嶸已能體悟五言詩體的佳妙處，但是他依然不敢不爲五言詩體追溯到上古的門第來推高五言詩體的身份，他說：

昔南風之辭，卿雲之頌，厥義敻矣。《夏歌》曰：『鬱陶乎予心。』《楚謠》曰：『名余曰正則。』雖詩體未全，然是五言之濫觴也。

綜觀上述文論家們對五言詩體的論見，幾乎沒有一位敢如蕭子顯一般肯定五言詩體的卓越性。蕭子顯談論詩體的四言、五言、七言及其他六種文體後，用「獨秀」二字，將五言詩體擢升在衆製之上，這種勇於放下舊傳統，掌握新生體的膽識和魄力，是相當值得激賞的。

【附註】

註一　許文雨文論講疏本，頁一九一（正中書局）。凡下引詩品序皆同。
註二　（文心雕龍卷二，頁二，臺灣開明書店范文瀾註本）凡下引文心雕龍皆同。
註三　頁二六二三（明倫出版社）凡下引史傳皆同。
註四　同註一，頁六一。
註五　魏晉南北朝文學批評文第二章第五節五蕭子顯註一，頁三一三（上海古籍出版社）。
註六　曾永義、柯慶明編輯，中國文學批評資料彙編—兩漢魏晉南北朝，頁一五一（成文出版社）。
註七　同註一，頁三五、三六。
註八　同註六，頁一八五。
註九　同註六，頁二七七。

二、文章四體論

南齊書文學傳論稱「今之文章，作者雖衆，總而爲論，略有三體」，其「文章」一詞，鄧仕樑蕭子顯文論以爲指稱五言詩，說：

引文中的首句所謂文章，即指五言詩言。此篇上文云「在乎文章」，固亦指五言，非泛稱一切文學作品。前面説過，此篇自「五言之製」以下，幾乎是全就五言詩説的。大抵以文章爲五言詩之稱，在梁代頗爲普遍。（詩品序）中文章凡三見：「亦文章之中興也」、「文章殆同書鈔」、「昔曹劉殆文章之聖」。「詩品」專論五言，三處「文章」皆指五言詩説。又下品傅亮評語：「季友文，余常忽而不察，今沈特進撰詩，載其數首，亦復平美。」此處的「文」，按後面文義推之，即沈特進撰詩之「數首」，其實也是指「詩」言，可見當時甚至有逕稱詩爲「文」之例。所謂「三體」，指當代五言詩的三種作風或風格。（註一）

上文鄧仕樑以爲詩品中的「文章」一詞，是指五言詩，非常正確。至於南齊文學傳論中「今之文章」的「文章」一詞，恐怕不是純就五言詩而言；因爲蕭子顯所舉出的三體詩家中，傅咸五經，是四言詩，（註二），舉例如下：

立身行道。始於事親。上下無怨。不惡於人。孝無終始。不離其身。三者備矣。以臨其民。以孝事君。不離令名。進思盡忠。義則不爭。匡救其惡。災害不生。孝悌之至。通於神明。（孝經詩）

又鮑照固然長於五言詩，但是最足以代表他「發唱驚挺，操調險急，雕藻淫豔，傾炫心魂」的詩歌，卻是他的七言詩擬行路難、梅花落等。舉例如下：

洛陽名工鑄爲金。博山千斲復萬鏤。上刻秦女攜手仙。承君清夜之歡娛。列置幃裏明燭前。外發龍鱗之丹綵。内含麝芬之紫煙。如今居心一朝異。對此長歎終百年。（擬行路難）

據此，南齊書文學傳論中「今之文章」的「文章」一詞，是兼含四言、五言及七言詩，正和蕭子顯提出的文體論，詩體包括四言、五言及七言三類相符合。

蕭子顯將當代的文章歸納爲三體，明示源流；其後又提出自己所認定的理想詩體。因此，在文學傳論中蕭子顯共提出四種詩體。我們根據這四種詩體的源流、內容、作風等，簡明的歸納出詩體的名稱如下：

1. 源出謝靈運的山水詩體
2. 源出傅咸、應璩的事典詩體
3. 源出鮑照的險俗詩體
4. 蕭子顯體認的理想詩體

下文就依次加以闡述。

甲、山水詩體

蕭子顯提出的第一詩體是出靈運而成的山水詩體，南齊書文學傳論說：

一則啓心閑繹，託辭華曠，雖存巧綺，終致迂回。宜登公宴，本非准的。而疎慢闡緩，膏肓之病，典正可採，酷不入情。此體之源，出靈運而成也。

按：謝靈運小名客兒，陳郡陽夏人。生於晉孝武帝太元十年（西元三八五年），卒於宋文帝元嘉十年（西元四三三年），年四十九。謝安之曾姪孫，謝玄之孫，謝瑍之子。生旬日，父瑍卒，養於杭州杜明師家。年十五始還建康。晉時，封康樂公，年三十六，晉亡入宋，降爵爲侯。未能見用，心懷憤忿。肆意山水，所至詩詠。登遊行田，鑿山浚湖，狂妄橫恣，騷擾百姓。元嘉十年以謀叛罪，棄市廣州。事蹟見宋書卷六十七、南史卷十九謝靈運傳。

謝靈運是承繼魏晉之後，開啓南朝之先的頭顱作家，影響南朝詩壇甚巨；甚至於蕭子顯所稱，起於鮑照的第三詩體，也受有他的孕育。（註三）

南齊書文學傳論對起於謝靈運的第一詩體，品評有優有劣，想要瞭解優劣的根由，恐怕還須從謝靈運的源流言起。

五言詩歷經兩漢的成立期，至建安而臻成熟。曹植以建安之傑（註四），氣骨奇高，詞彩華茂（註五），時或遊仙以寓志。陸機以太康之英（註六），才高詞贍，舉體華美（註七），然頗以繁縟累沙（註八）。正始中，王弼、何晏好莊、老玄勝之談（註九），詩家遂尚清玄。永嘉以來，王武子輩詩，貴道家之言（註一〇）。爰及江左，郭璞之詩，號稱中興第一，文采彪炳，始變永嘉平淡之體（註一一）；然而游仙之作，雖志在詠懷，而多會合道家之言（註一二）故未能動俗（註一三），反爲玄言詩之資。東晉文宗孫綽、許詢，又加以佛家之言（註一四），彌善恬淡之詞（註一五），詩皆平典似道德論（註一六）。天下向風，玄言詩大興。至義熙中（按：「義熙」爲晉安帝年號，共十四年，西元四〇五至四一八年），謝混情新（註一七），始變其體。（註一八），然得名未盛（註一九），不成大器。

謝靈運成長於山明水秀的杭州，在錢塘風潮的拂潤下，喜愛觀賞山水，吟詠山水；因此他才能從玄言詩的光影中，脫穎而出，爲我國的山水詩體開宗奠基。文心雕龍明詩篇說：

宋初文詠，體有因革，莊老告退，而山水方滋，儷采百字之偶，爭價一句之奇，情必極貌以寫物，辭必窮力而追新，此近世之所競也。（註二〇）

在內容上，謝靈運掃除自永嘉百年來，以玄理爲主，偶及山水的玄言詩風；代之以山水爲主，兼論玄理的山水詩體。在修辭上，他繼承曹植的詞采，陸機的繁富，且遠承司馬相如「巧爲形似之言」（註二一）的作風，用客觀寫實的筆觸，巧奇鮮明的雕鏤山水秀景。儷偶用事，往往典雅新穎。因此，蕭子顯譽爲「託辭華曠」、「存巧綺」、「典正可採」；鍾嶸詩品也讚稱「才高詞盛，富豔難蹤」（註二二）。

詩品置謝靈運於上品，評曰：

其源出於陳思。雜有景陽之體，故尚巧似，而逸蕩過之。頗以繁富爲累。嶸謂若人，興多才高，寓目輒書，內無乏思，外無遺物，其繁富宜哉！然名章迴句，處處間起，麗典新聲，絡繹奔會。譬青松之拔灌木，白玉之映塵沙，未足貶其高潔也。（註二三）

謝靈運一面擺脫玄言詩清虛的筆調，描述登遊、行田等題材時，掌握眞實，具體刻繪山水；一面卻又不願拋棄自魏晉以來，文士們追求形而上思辨，炫耀哲學智慧的理念，依然有意傳承郭璞、孫綽、許詢等，以佛、道之言入詩的玄趣，在山水美景中雜入說佛、悟玄（註二四）的理思，使百年來玄言詩的心印又傳烙在南朝的山水詩中。

謝靈運既要刻鏤山水，又想玄悟佛道，詩優則「興會標舉」（註二五），景理交融，故能「啓心閑繹，託辭華曠」（蕭子顯語），「吐言天拔，出於自然」（梁簡文帝語）（註二六）；詩劣則山水美景與恬淡玄思不相調和，叢雜繁亂，主體不一，甚至於堆砌排偶，雕琢露痕。由此，蕭子顯批評說「雖存巧綺，終致迂回。宜登公宴，本非准的」、「典正可採，酷不入情」；鍾嶸也稱「頗以繁富爲累」。

南齊書卷三十五高祖十二王載錄蕭子顯的叔叔武陵昭王曄，詩學謝靈運，子顯的祖父也批評說：「……但康樂放蕩，作體不辨首尾」。

據蕭子顯說，這類詩體最嚴重的膏肓之病，是在「疏慢闡緩」。固然，謝靈運的文思較遲（註二七），是造成這種風格的原因之一；但是溯其源，還是起自孫綽、許詢等不徐不疾，緩慢無力的玄言詩風。

大凡文章音韻不協，語調徐疾無常，辭氣浮疏緩慢，美惡妍蚩相乖反等，均可稱爲「疏慢闡緩」。南齊書卷五十二陸厥傳引沈約與陸厥書說：

若以文章之音韻，同弦管之聲曲，則美惡妍蚩，不得頓相乖反。譬由子野操曲，安得忽有闡緩失調之聲。

宋書卷七十三顏延之傳稱謝靈運以詞采與顏延之齊名，「共稱顏謝」（註二八）。顏延之一派的事典詩也有浮疏闡緩的弊病，簡文帝蕭綱與湘東王書便批評當時的京師文體，「競爲浮疎」、「爭爲闡緩」（註二九）。

詩品序云「謝客爲元嘉之雄，顏延年爲輔」（註三〇），謝靈運開山水詩派，顏延之掌事典詩派。正如沈約所說，「顏、謝騰聲」，均「方軌前秀，垂範後昆」（註三一）。劉勰稱「山水方滋」，爲「近世之所競也」，可見宋齊梁之士，仿效謝康樂，創作山水詩之盛。其中被蕭子顯譽爲「清麗」（註三二）的南齊詩人謝朓，就是學步於謝靈運而秀出者。

【附註】

註一　香港中文大學中國文化研究所學報第十八期，頁二〇二。

註二　全晉詩卷二，頁三〇六、三〇七（世界書局）。

註三　林文月山水與古典一書中，以爲鮑照的山水詩源起於謝靈運，見「鮑照與謝靈運的山水詩」一文（純文學叢書）

註四　「建安之傑」爲詩品序語，頁六七（王叔岷鍾嶸詩品箋証稿本，中央研究院中國文哲研究所中國文哲專刊）。

註五　「氣骨」二句，爲詩品評曹植語，頁一四九（同註四）。

註六　「陸機爲太康之英」爲詩品序語，頁六七（同註四）。

註七　「才高」二句，爲詩品評陸機語，頁一七一（同註四）。

註　八　世說新語文學門孫綽評陸機云「陸文若排沙簡金，往往見寶」，頁一四三（文史哲出版社）。

註　九　「正始中」句，出於世說新語文學門「簡文稱許掾云」條下註引續晉陽秋，頁一四三（文史哲出版社）。

註一〇　「自永嘉」二句，爲詩品評孫綽條下語，頁三四〇（同註四）。

註一一　詩品評郭璞云「憲章潘岳，文體相輝，彪炳可翫，始變永嘉平淡之體，故稱中　興第一。翰林以爲詩首。但游仙之作，詞多慷慨，乖遠玄宗。」頁二四七（同註四）。

註一二　世說新語文學門「簡文稱許掾云」條下註引續晉陽秋云「至過江，佛理尤盛，故郭璞五言始會合道家之言而韻之」頁一四三（同註八）。

註一三　「未能動俗」爲詩品序語（同註四）。

註一四　同註十二註續晉陽秋云「詢及太原孫綽轉相祖尚。又加以三世之辭，而詩騷之體盡矣」頁一四三（同註八）。

註一五　「彌尙」爲詩品評孫綽、許詢語，頁三四〇（同註四）。

註一六　「詩皆」句爲詩品序語，頁六二（同註四）。

註一七　新校本南齊書卷五十二文學傳論，頁九〇八（國史研究室）。

註一八　同註十二註引續晉陽秋云「詢、綽並爲一時之宗，自此作者悉體之。至義熙中，謝混始改」頁一四三（同註八）。又詩品序云「逮義熙中，謝益壽斐然繼作」頁六六（同註四）。按：謝混，晉詩人，字叔源，小名益壽。

註一九　同註一七。

註二〇　卷二，頁二，臺灣開明書店范文瀾註本。

註二一　新校本宋書卷六十七謝靈運傳論語，頁一七七八（鼎文書局）。

註二二　「才高」二句，爲詩品序語，頁六六（同註四）。

註二三　頁一九六，版本同註四。

註二四　王鍾陵將謝靈運詩的內容分爲登遊、行田、說佛、悟玄四方面，請參閱中國中古詩歌史第九編第一章（江蘇教育出版社）。

註二五　同註二一。

註二六　簡文帝與湘東王書語（梁書卷四十九庾肩吾傳，頁六九一，鼎文書局）。

註二七　新校本南史卷三十四顏延之傳，頁八八一，云「延之與陳郡謝靈運俱以辭采齊名，而遲速縣絕。文帝嘗各敕擬《樂府》《北上篇》，延之受詔便成，靈運久之乃就。」

註二八　新校本見宋書卷七十三顏延之傳，頁一九〇四（鼎文書局）。

註二九　同註二六，頁六九〇。

註三〇　詩品序語，頁六七、六八（同註四）。

註三一　同註二一，頁一七七九。

註三二　新校本南齊書卷四十七謝朓傳語，頁八二五（國史研究室）。

乙、事典詩體

蕭子顯提出的第二詩體，是源出於傅咸、應璩的事典詩體。南齊書文學傳論說：

次則緝事比類，非對不發，博物可嘉，職成拘制。或全借古語，用申今情，崎嶇牽引，直爲偶說。唯覩事例，頓失清采。此則傅咸五經，應璩指事，雖不全似，可以類從。

按：傅咸，字長虞，北地榮陽人。生於魏明帝景初三年（西元二三六年），卒於晉惠帝元康四年（西元二九一年）年五十六。晉名士傅玄之子。剛簡有大節。風格峻整，識性明悟，疾惡如仇，推賢樂善，常慕季文子、仲山甫之志。襲父爵爲清泉侯。拜太子洗馬，累官至司隸校尉，屢上書議事。元康四年卒於官謚，曰貞。事蹟見晉書卷四十七傅咸傳。晉書本傳說：

好屬文論，雖綺麗不足，而言成規鑒。潁川庾純常歎曰：「長虞之文近乎詩人之作矣！」（註一）

蕭子顯例舉「傅咸五經」，是就儒家通稱五經而言，其實傅咸所作爲七經詩，東晉王羲之曾加書寫。（註二）今全晉詩卷二收錄有六經詩：孝經詩、論語詩、毛詩詩、周易詩、周官詩、左傳詩。

又按：應璩，字休璉，汝南人。生於漢獻帝初平元年（西元一九〇年）卒於魏齊王芳嘉平四年（西元二五二年）年六十三。建安七子之一應瑒之弟。以文章顯，官至侍中。事蹟見三國志卷二十一魏書應璩傳。宋裴松之註引文章序錄說：

璩字休璉，博學好屬文，善爲書記。文、明帝世，歷官散騎常侍。齊王即位，稍遷侍中、大將軍長史。曹爽秉政，多違法度，璩爲詩以諷焉。其言雖頗諧合，多切時要，世共傳之。復爲侍中，典著作。嘉平四年卒，追贈衛尉。（註三）

蕭子顯例舉「應璩指事」，今存應璩詩中未見指事詩，文選卷二十一收錄「應休璉百一詩」，唐李善註說：

張方賢《楚國先賢傳》曰：汝南應休璉作《百一篇詩》，譏切時事，徧以示在事者，咸皆怪愕，或以爲應焚棄之，何晏獨無怪也。然方賢之意；以有百一篇，故曰百一。李充《翰林論》曰：應休璉五言詩百數十篇，以風規治道，蓋有詩人之旨焉。又孫盛《晉陽秋》曰：應璩作五言詩百三十篇，言時事頗有補益，世多傳之。據此二文，不得以百一篇而稱百一也。《今書七志》曰：《應璩集》謂之新詩，以百言爲一篇，或謂之百一詩。然以字名詩，義無所取。據《百一詩序》云：時謂曹爽曰：公今聞周公巍巍之稱，安知百慮有一失乎？百一之名，蓋興於此也。（註四）

王運熙、楊明魏晉南北朝文學批評史認爲「應璩指事」，就是指百一詩，稱「百一詩指說時事，故日指事」。（註五）

綜上可知，傅咸和應璩兩位詩人，都是善作諷諫之言，來規箴時弊。爲使勸說有功，勢必憑藉他們的博學，引經據典，借古諷今。蕭子顯品評稱「緝事比類，非對不發」，優點在「博物可嘉」，然而典事過用，則「職成拘制」、「崎嶇牽引」、「頓失清采」。

鍾嶸詩品將傳咸與其父傅玄，同置於下品，共評曰「繁富可嘉」。（註六）

詩品中，應璩出現兩處：中品「魏侍中應璩」及下品「晉文學應璩」。經文論家考証，「晉文學應璩」當作「魏文學應瑒」或「漢文學應瑒」。（註七）

詩品評中品應璩說：

祖襲魏文，善爲古語，指事殷勤，雅意深篤，得詩人激刺之旨。至於「濟濟今日所」，華靡可諷味焉。（註八）

鍾嶸評應璩「善爲古語，指事殷勤，雅意深篤」，與蕭子顯的評語相吻合。

鍾詩品序又說：

夫屬詞比事，乃爲通談。若乃經國文符，應資博古。撰德駁奏，宜窮往烈。至乎吟詠情性，亦何貴於用事。……顏延謝莊，尤爲繁密。於時化之。故大明泰始中，文章殆同書抄。近任昉王元長等，辭不貴奇，競須新事。爾來作者，寖以成俗。遂乃句無虛語，語無虛字，拘攣補衲，蠹文已甚，但自然英旨，罕值其人。詞既失高，則宜加事義。雖謝天才，且表學問。亦一理乎。（註九）

由上鍾嶸所言可知，源出於應璩、傅咸的事典詩，至劉宋顏延之、謝莊，「尤爲繁密，於時化之，故大明泰始中，文章殆同書抄」，流弊已深。按：「大明」爲宋孝武帝最後一個年號，共八年（西元四五七至四六四年）。「泰始」爲宋明帝第一個年號，共七年（西元四六五至四七一年）。詩品又稱齊王融、梁任昉，「詞不貴奇，競須新事」，使齊梁作者「句無虛語，語無虛字，拘攣補衲，蠹文已甚」。

梁簡文帝與湘東王書也說：

比見京師文體，懦鈍殊常，競學浮疎，爭爲闡緩。玄冬脩夜，思所不得，既殊比興，正背《風》、《騷》。若夫六典三禮，所施則有地，吉凶嘉賓，用之則有所。未聞吟詠情性，反擬《內則》之篇；操筆寫志，更摹《酒誥》之作；遲遲春日，翻學《歸藏》；湛湛江水，遂同《大傳》。（註一〇）

事典詩派的末流，已「懦鈍」到如此地步，「浮疎闡緩」，已病入膏肓。蕭子顯成長於齊梁，見到這種事典詩的流弊，自然不得不指謫利病，追溯源流，予以嚴厲的批判——職成拘制，或全借古語，用申今情，崎嶇牽引，直爲偶說，唯覩事例，頓失清采。

曹道衡、沈玉成南北朝文學史說：

「緝事比類，非對不發」云云，根據「傳論」的上文和詩品序的評論，都應該指顏延之、謝莊。但蕭子顯舉出的代表人物卻是魏晉的二、三流詩人應璩和傅咸。「指事」已佚，「五經」尚存，即「孝經」、「論語」、「毛詩」、「周易」、「周官」詩各二章四言，從中也看不出「傳論」所說的特點。何以所論如此，尚待探討。（註一一）

上述南北朝文學史所提出的問題，也正是衆家文學批評史常有的疑問。其實只要我們細審南齊書文學傳論的文意，也就可以釋然。

蕭子顯提出文章三體說，是在爲當代流行的三種詩派，說明利病，追溯源流，不是在敘述劉宋時代或宋齊梁三朝的三種詩體。第一詩體謝靈運是我國詩人中，以客觀寫實的態度，大量刻繪山水的第一人，而第三詩體鮑照是我國詩人中，大量採取民歌風調，運用通俗語言的第一人。謝、鮑兩人前不見古人，因此蕭子顯必然要以他們爲原祖，不是蕭子顯要特意以劉宋的文學爲源頭。然而事典詩則不同，其來久遠。可以上推到魏應璩、晉傅咸。南齊書文學傳論中，當談及詩歌演進史，已稱「顏、謝並起，乃各擅奇」，因此蕭子顯不可能不瞭解顏延之的詩風與地位。又在說明各種文體時，蕭子顯也提及「謝、莊之誄」，他不可能不認知謝莊。鍾嶸將顏延之與謝莊並列爲好用事者的領袖，蕭子顯立事典詩一派不取顏延之、謝莊爲例，而舉傅咸、應璩兩家，顯而易見的，蕭子顯實有追溯最原始根源的意念。

【附註】

註一　新校本晉書，頁一三三三（鼎文書局）。

註二　全漢三國晉南北朝詩全晉詩卷三，孝經詩註云：「傅咸七經詩，王羲之寫，然今所存者六經耳」頁三〇六（世界書局）。

註三　頁六〇四（明倫出版社）。
註四　見文津出版社本，頁一〇五。
註五　參閱魏晉南北朝文學批評史第二章第五節五蕭子顯，頁三一七（上海古籍出版社）。
註六　王叔岷鍾嶸詩品箋證稿，頁三三五（中央研究院中國文哲研究所中國文哲專刊）
註七　王叔岷鍾嶸詩品箋證稿，頁三三一（同註六），下品「晉文學應璩」註。
註八　同註六，頁二三六。
註九　同註六，頁九三、九七。
註一〇　梁書卷四十九庾肩吾傳，頁六九〇（鼎文書局）。
註一一　南北朝文學史第七章註一，頁一四〇（人民文學出版社）。

丙、險俗詩體

蕭子顯提出的第三詩體，是源出於鮑照的險俗詩體。南齊書文學傳論說：

次則發唱驚挺，操調險急，雕藻淫豔，傾炫心魂。亦猶五色之有紅紫，八音之有鄭、衛。斯鮑照之遺烈也。

按：鮑照，字明遠，東海人。生年不詳，卒於宋明帝泰始二年（西元四六六年），年五十餘。宋文帝元嘉九年（西元四三二年），臨川王劉義慶出爲荊州刺史，召聚文學之士，遠近必至。引鮑照爲佐史國臣。元嘉中，鮑照爲河清頌，其序甚工。孝武帝時，引爲中書舍人。臨海王子頊鎭荊州，以爲前軍參軍，掌書記，世稱鮑參軍。泰始二年，鄧琬等奉晉安王子勛爲帝，臨海王應之。事敗，照爲亂軍所殺。事蹟見宋書卷五十一、南史卷十三臨川王劉義慶傳附鮑照傳。宋書卷五十一鮑照傳說：

> 鮑照字明遠，文辭贍逸，嘗爲古樂府，文甚遒麗。……世祖以照爲中書舍人。上好爲文章，自謂物莫能及，照悟其旨，爲文多鄙言累句，當時咸謂照才盡，實不然也。（註一）

宋書著成於齊武帝永明六年（西元四八八年），距鮑照之卒，僅二十三年。曾與鮑照同朝爲官的宋書作者沈約，已相當讚美鮑照的古樂府，「文甚遒麗」；並且爲鮑照的「俗」做辯解，認爲鮑照了解宋孝武帝自以爲有才而忌才，因此鮑照故作「鄙言累句」，而非才退。事實上，蕭子顯對第三詩體的批評，並沒有離開沈約品評的範疇。「發唱驚挺，操調險急」，就是「遒」字；「雕藻淫豔，傾炫心魂」，就是「麗」字；而「亦猶之五色之有紅紫，八音之有鄭、衛」，正是由文學兼容並蓄的多方性，來通融鮑照的鄙俗，這不和沈約爲鮑照的俗作辯解相同嗎？

鍾嶸詩品置鮑照於中品，評曰：

> 其源出於二張，善製形狀寫物之詞。得景陽之諔詭，含茂先之靡嫚，骨節強於謝混，驅邁疾於顏延。總四家而擅美，跨兩代而孤出。嗟其才秀人微，故取湮當代。然貴尚巧似，不避危仄，頗傷清雅之調。故言險俗者，多以附照。（註二）

與蕭子顯同時代的鍾嶸，對鮑照的品評，頗足以和蕭子顯相參證。鍾嶸的「不避危仄」、「險」，正是蕭子顯的「發唱驚挺，操調險急」；「善製形狀寫物之詞」、「貴尚巧似」，正是「雕藻」；「諔詭」、「靡嫚」，正是「淫豔」；「俗」，不就是「五色之有紅紫」、「八音之有鄭、衛」嗎？

鮑照的五言、七言及雜言詩，都是冠絕古今，尤其最膾炙人口，傾炫心魂的詩歌，是開唐人七言歌行的七言樂府詩擬行路難、梅花落等。擬行路難十八首或稱十九首（註三），更是險俗詩體的代表作。葉師慶炳中國文學史說：

> 宋陳師道後山詩話曰：「鮑明遠行路難，壯麗豪放，若決江河。詩中不可比擬，大似賈誼過秦論。」……此詩名雖擬古，實乃開新。就體裁言，七言詩自曹丕燕歌行後，幾成絕響，至鮑照始得發展。即其三、五、七言雜用之作，亦純熟流利，遠較漢代樂府進步。就格調言，擬行路難上承漢代民間樂府戰城南、東門行等，而下開唐人新樂府一派。盛唐李白、高適、岑參等之七言歌行，豪邁雄放，實肇源於此。沈德潛古詩源曰：「明遠樂府，如五丁鑿山，開人世所未有，後太白往往效之。」（註四）

鮑照是一位相當卓異古怪的詩人，他處處仿作，模擬名家名篇，甚至漢魏古樂府、江南吳歌、西曲等新聲，無不仿作。在表層上，他似乎是一位復古主義的模擬作家；但是當我們細審他的作品，他不僅能擇取衆家之美，更進一步，一無依傍，自製偉詞。

鮑照的詩，在內容上，拋除魏晉以來專以臺閣廟堂、游仙談玄、山水詠物等爲主的題材，而將他這位寒門子弟的生活、思想及感情等，赤裸裸的投進詩中；大凡軍旅生活、恩倖希冀、天倫渴望、思婦哀怨、山水奇趣、詠物吟志等，都是他詩中主要的題材。在風調上，他辭謝正統溫雅深厚的氣質，轉爲「發唱驚挺，操調險急」，悲涼慷慨、危仄高亢的韻調。在修辭上，有時豔美絕倫，雕繪入神，有時鄙言俗語，直切明快。

齊梁詩人，或取則於鮑照的淫豔，大作輕豔的宮體詩；或附和於鮑照的險俗，多方的仿作民歌。詩品序說：

今之士俗，斯風熾矣。纔能勝衣，甫就小學，必甘心而馳騖焉。於是庸音雜體，人各爲容。至使膏腴子弟，恥文不逮，終朝點綴，分夜呻吟。獨觀謂爲警策，眾覩終淪平鈍。次有輕薄之徒，笑曹、劉爲古拙，謂鮑照義皇上人，謝朓今古獨步。而師鮑照，終不及『日中市朝滿』；學謝朓，劣得『黃鳥度青枝。』徒自棄於高明，無涉於文流矣。（註五）

由上鍾嶸所言可知，齊梁作者奉「鮑照爲義皇上人」，盛於模擬鮑照之詩，劣者頗多庸音雜體，這正是鮑照詩常有爭議之處。

齊梁著名文士，也頗有仿效鮑照者如江淹、沈約等，其中沈約模擬鮑照最有成就。

詩品置沈約於中品，評曰：

觀休文眾製，五言最優。詳其文體，察其餘論，固知憲章鮑明遠也。所以不閑於經綸，而長於清怨。（註六）

沈約憲章鮑明遠，主要在用俗上，沈約仿作民歌，主張文章三易（註七），所作郊廟牲牷樂辭淺雜，用流俗乖體等，處處都顯示在文學形式美極端發展的齊梁時代，沈約追求自然通俗的意念。這種意念受有鮑照直接的影響。

蕭子顯在沈約的薰陶下成長，他又是一位宮體作家，他的樂府詩如七言的燕歌行，也有著民歌的風調。尤其蕭子顯提出的理想詩體「雜以風謠，輕脣利吻，不雅不俗，獨中胸懷」，也是在鮑照的影響下，而歸納出的理論。蕭子顯對於他所提出的第一、第二詩體，有褒有貶，獨獨對源出於鮑照的第三詩體，不僅未加指斥，反而爲鮑照的鄭、衛之音，巧作辯解。由此可見，蕭子顯眞不愧爲新變派的文學領袖，能欣然的接受非正統的新詩體。

許文雨文論講疏研討鍾嶸詩品分體置品的意旨，認爲鍾嶸也如蕭子顯般，將詩體分爲三：正體、古體、新體，他說：

一曰見分體置品之微。記室品第之說，第以其卷次求之，殊多未盡。彼之心目中固尚有明劃之三派焉。一派爲正體詩，以曹子建爲首，子建所製，得乎懽怨中和，有五言正宗之目。子建而後，陸士衡循其規矩者也。謝靈運則能光大其體法者也。此派之詩，至謝超宗顏則輩，而繼響漸絕。一派爲古體詩，以應璩爲首，而輔以元瑜堅石諸人，造懷指事，頗申古語。嵇康阮籍，雖復矯異，勢未甚違。此派之詩，至張欣泰范縝而不絕如縷。一派爲新體詩，以張華爲首，託體華豔。休鮑後起，美文動俗。王沈以下，流爲宮體。此派之詩，風靡一時，固無論矣。記室就此三體，分次三卷，先正體派，次爲古體新體二派，蓋有揚正抑俗之微意存焉。惟其間廁列，頗多所抽換，以顯優劣。如顏謝分品（采湯惠休說），休鮑亦分品（所謂「商周不敵」也，）皆其例，餘得類推。要以大體觀之，則異派分卷，殆屬恆例。如曹公氣態蒼莽，子建詞采華茂其體迥異，故析置之也。同派必表源流，即非同卷，亦絕無源下流上之例。此應璩陶潛，以簡樸同其體系者，雖曰青出，終當共廁一卷也。斯蓋記室千年就堙之旨，足與蕭子顯《文學傳論》之說合調。殆所謂百慮而一致歟。（註八）

眞如許文雨所歸納，鍾嶸分詩品爲三是正確的，則同時代的蕭子顯與鍾嶸，對詩體有著一致的看法，文章三體說是時代性的文論，不是蕭子顯個人的偏見。

【附註】

註一　新校本宋書，頁一四七七、一四八〇（鼎文書局本）。

註二　王叔岷鍾嶸詩品箋證稿，頁二八二（中央研究院中國文哲研究所中國文哲專刊）

註三　全漢三國晉南北朝詩，全宋詩卷四擬行路難詩註云「樂府詩集作十九首。分第十三首亦云朝悲泣閑房以下。別作一首。」頁六七七（世界書局）

註四　中國文學史第十二講，頁一四八（廣文書局本）。

註五　同註二，頁八一。

註　六　同註二，頁三二〇。

註　七　參閱本章第三節第一項。

註　八　頁一六一、一六二（正中書局）。

丁、理想詩體

在提出文章三體之後，蕭子顯很客氣的「妄談」他心目中的理想詩體，南齊書文學傳論說：

三體之外，請試妄談。若夫委自天機，參之史傳，應思悱來，勿先構聚。言尚易了，文憎過意，吐石含金，滋潤婉切。雜以風謠，輕脣利吻，不雅不俗，獨中胸懷。

上述理想詩體僅十二句，卻是蕭子顯觀摩古今文學作品，分析利病，擇優汰劣，並益以自我的寫作經驗，而歸納出的最精粹、最完美的詩體論。十二句相當有條理的排列而下，依次說明有關文學創作方面的才、學、思、言、意、聲律等，最後提出通過言、意、聲律所融合而成的總體風格，「不雅不俗，獨中胸懷」爲文學創仿的最高理想。

關於才，蕭子顯提出「委自天機」，肯定文學創作的第一要件是先天秉賦的文學天才，文學傳贊也稱「學亞生知」，更在強調生知之才爲文學創作先決條件，其次才是學養。文學傳論另有「氣韻天成」說，也是同一意旨。請參閱本章第二節一及第三節一。

關於學，蕭子顯提出「參之史傳」。南北朝非常重視史學，修史、註史、評史之風大開，史學著作並起群出。（註一），正如蕭子顯的二哥蕭子恪所稱「文史之事，諸弟備之矣」蕭子顯兄弟優於文學外，也都善史學，蕭子顯撰後漢書、南齊書等，其第九弟蕭子雲也著晉書。（註二）蕭子顯是位史學家，加以時潮重史，其家學也善史，因此對於文學創作的學養方面，蕭子顯僅提出「參之史傳」，而摒落經學、子學等，是可以諒解的。

僅管大史學主義下，六經皆史，諸子亦史，參史傳說也可被視爲包括經學、子學等，然而文學體類的區別，自有其價值性，不容過偏的混淆。劉勰文心雕龍風骨篇談及文學學養時，稱「鎔鑄經典之範，翔集子史之術」（註三），含括經學、子學、史學。比較下，蕭子顯的參史傳說，便顯得偏狹無容。

關於思，蕭子顯提出「應思悱來，勿先構聚」。應物斯感，神思自然飛揚，意象隨著想像力召至。不必預先巧作建構，爲文會情造景。請參閱本章第二節二。

關於言，蕭子顯提出「言尙易了」。在詩歌力求綺靡精緻，駢文窮逐，麗典偶對的南朝唯美思潮中，蕭子顯主張用易曉易知的語言寫作，這是相當超時空的思惟。請參閱本章第三節一。

關於意，蕭子顯提出「文憎過意」。要求不可過用豔美的詞藻，掩沒文章的內容。又當談及「文人談士，罕或兼工」時，主張不可「理勝其詞」。也就是文詞不可過於平淡無味，只見玄理。「文憎過意」，就是須尙質；不可「理勝其詞」，就是須尙文。簡要的說，蕭子顯不贊成過文或過質。

他又在文學傳贊中，提出「文成筆下，芬藻麗春」的文麗準則，正如南齊書卷四十七謝朓傳中，蕭子顯以「清麗」賞評謝朓，主張文學的修辭，以清麗為宗。這類文質並重的理念和劉勰、蕭統、劉孝綽等以文質兼備，為文章理想相契合。（註四）請參閱本章第三節一。

關於聲律，蕭子顯提出「吐石含金，滋潤婉切」的形式韻律與「雜以風謠，輕脣利吻」的自然韻律相調合的主張。請參閱本章第三節二。

按：蕭子顯雜風謠論，是魏晉南北朝相當卓越的文論，不僅能洞見魏晉以來，採取古樂府民歌及江南新聲雜曲入詩的文學潮流，更由於元嘉體的儷偶典事與永明體的聲律平仄結合後，產生相當僵化，缺乏活力，只重形式美的雕塑文學，雜風謠論正是救治這種弊病的良藥。進一步，雜風謠論可以鼓勵正統文壇接受民間歌謠，大量仿作五言、七言四句小詩，五言、七言八句詩及七言歌行體詩，促進唐律詩絕句及七言歌行的早日誕生。

東晉以後，文士們唱古樂府民歌及江南吳歌西曲的風氣已開，或直接取用，或加以改動文飾。世說新語任誕門注引續晉陽秋說：

《續晉陽秋》曰：「袁山松善音樂」。北人舊歌有《行路難曲》，辭頗疏質。山松好之，乃為文其章句，婉其節制。每因酒酣，從而歌之，聽者莫不流涕。

又言語門說：

桓玄問羊孚：「何以共重吳聲？」羊曰：「當以其妖而浮。」（註五）

到了南北朝歌詠民歌，仿作民歌之風大盛，如齊高帝建元二年（西元四八〇年），幸華林宴集，沈文季歌子夜來，南史卷二十二王儉傳說：

（建元二年）後幸華林宴集，使各效伎藝。褚彥回彈琵琶，王僧虔、柳世隆彈琴，沈文季歌《子夜來》，張敬兒舞。

又南齊書卷七、南史卷五東昏侯本紀也記載東昏侯歌「女兒子」，說：

是夜，帝在含德殿吹笙歌作女兒子（註六）

「子夜來」、「女兒子」屬吳歌。

蕭子顯的伯父，齊武帝蕭賾也仿作西曲，全齊詩卷一載有武帝「估客樂」一首，屬五言四句詩，全齊詩註說：

古今樂錄曰。估客樂者。齊武帝之所製也。帝布衣時嘗遊樊鄧。登阼以後。追憶往事而作歌。使樂府令劉瑤管弦被之教習。卒遂無成、有人啓釋寶月善解音律。帝使奏之。旬日之中。便就諧合。敕歌者常重爲感憶之聲。猶行於世。寶月又上兩曲。帝數乘龍舟。遊五城江中放觀。以紅越布爲帆。綠絲爲帆縴。鍮石爲篙足。篙榜者悉著鬱林布。作淡黃袴列開。使江中衣出。五城殿猶在。齊舞十六人。梁八人。唐書樂志曰。梁改其名爲商旅行。（註七）

由上可知，南朝宮廷已在吟唱並仿作吳歌西曲，蕭子顯出生皇家，勢必受到頗大的影響。

南北朝已有不少詩人在仿作民歌，如鮑照，湯惠休、沈約、江淹、蕭衍、蕭綱、蕭繹等，而蕭子顯本人也有幾首模仿民歌風調的詩，如日出東南隅行、從軍行、燕歌行、烏棲曲應令三首等。就此可知，蕭子顯相當喜愛民歌。

具有宗儒思想的蕭子顯，能接受被保守的正統文人視爲妖淫俗的新聲雜曲，而提出雜風謠論是相當難得的。但是蕭子顯也不是毫無選擇性的接受民歌，他對過度淫俗的鄭衛之音，也是不予苟同的。南齊書卷四十六蕭惠基傳說：

自宋大明以來，聲伎所尚，多鄭衛淫俗，雅樂正聲，鮮有好者。惠基解音律，尤好魏三祖曲及《相和歌》，每奏，輒賞悅不能已。

就上可知，蕭子顯以史學家正統的眼光，來批判自宋孝武帝大明以來，好鄭衛淫俗，不好「雅樂正聲」的風氣。又南齊書卷三十三王僧虔傳中，蕭子顯詳細載錄王僧虔反對新聲雜曲，要求歸於雅樂的主張，說：

僧虔好文史，解音律，以朝廷禮樂多違正典，民間競造新聲雜曲，時太祖輔政，僧虔上表曰：「夫懸鍾之器，以雅爲用；凱容之禮，八佾爲儀。今總章羽佾，音服舛異。又歌鍾一肆，克諧女樂，以歌爲務，非雅器也。大明中，即以宮懸合和《鞞》、《拂》，節數雖會，慮乖《雅》體，將來知音，或譏聖世。若謂鍾舞已諧，重違成憲，更立歌鍾，不參舊例。四縣所奏，謹依《雅》條，即義沿理，如或可附。又今之《清商》，實由銅爵，三祖風流，遺音盈耳，京、洛相高，江左彌貴。諒以金石干羽，事絕私室，桑、濮、鄭、衛，訓隔紳冕，中庸和雅，莫復於斯。而情變聽移，稍復銷落，十數年間，亡者將半。自頃家競新哇，人尚謠俗，務在噍殺，不顧音紀，流宕無崖，未知所極，排斥正曲，崇長煩淫。士有等差，無故不可去樂；禮有攸序，長幼不可共聞。故喧醜之制，日盛於廛里；風味之響，獨盡於衣冠。宜命有司，務勲功課，緝理遺逸，迭相開曉，所經漏忘，悉加補綴。曲全者祿厚，藝妙者位優。利以動之，則人思刻厲。反本還源，庶可跂踵。」事見納。

梁書卷三十五、南史卷四十二蕭子雲傳，也載錄蕭子顯的九弟蕭子雲上表給梁武帝，指斥沈約所作郊廟牲牷樂詞淺雜，用流俗乖體，主張既然樂以雅名，宜正裁五經。（註八）對於江南新聲雜曲的鄭衛淫俗，雅樂正聲的不受重視，或混入淺言鄙語，浮聲妖曲，齊梁詩人已在反省批判。由此蕭子顯雖然提出「言尚易了」及「雜以風謠」的文論，但是他並沒有將詩歌推入過偏的淺易淫俗，而是如劉勰所稱「檃括乎雅俗之際」（註九）的折衷理論。

蕭子顯詩體的最高理想是「不雅不俗，獨中胸懷」。「不雅」，就是俗，「不俗」，就是雅。雅俗是通過前文他所提出的才、學、思、言、意、聲律等，結合而出的總體風格。文章是雅是俗，端看胸懷所發抒的情志需要，內容需雅則雅，需俗則俗。王鍾陵中國中古詩歌史說：

「委自天機，參之史傳」，是對煩重用事不見性靈的糾正。「吐石含金」，是對音律諧和的追求，而「雜以風謠，輕脣利吻，不雅不俗，獨中胸懷」，則是說的對民歌風調的吸收，在這種吸收中又伴有著文人的修飾。不雅者，雜風謠，不俗者，有修飾，從而形成一種語言通俗，雕飾恰當，流轉輕靡，又能「獨中」貴族富貴冶蕩胸懷的新文體。這就是蕭子顯三體之外「妥談」之中所理想的又一體，亦即是一種不同于顏、謝、鮑的新文體。這種新文體，正是在蕭氏集團的創作中形成的。這種新文體在五言詩中當然也可以體現，但其代表是七言歌行，因爲七言詩體的大力發展確是當時詩歌創作中的一種新鮮風氣。蕭子顯本人的詩作，《日出東南隅行》爲五言歌行，《從軍行》爲雜言，《燕歌行》、《烏棲曲應令三首》則爲七言，都是他上述理想的實踐。他的《燕歌行》確有一些民歌風調。」（註一〇）

上文正是蕭子顯理想詩體的最好解說。一位偉大的文論家，最需要通透古文學的發展進程，掌握文運，指導創製，就這一方面而言，蕭子顯的理想詩體，已經具美兼善了。

【附註】

註一　參閱張承宗，田澤濱，何榮昌主編六朝史第八章第四節（江蘇古籍出版社）

註二　參閱梁書卷三十五、新校本南史卷四十二蕭子顯兄弟的史傳（鼎文書局）。

註三　卷六，頁一四，臺灣開明書店范文瀾註本。

註四　參閱劉勰文心雕龍卷六通變篇（臺灣開明書局）、蕭統答湘東王求文集及詩苑英華書、柯慶明、曾永義中國文學批評資料彙編——兩漢魏晉南北朝，頁二五三（成文出版社）、劉孝綽昭明太子集序，頁二七九（同上）。

註　五　頁八八（文史哲出版社）。

註　六　新校本南齊書，頁一〇六（國史研究室），新校本南史，頁一五六（鼎文書局）。

註　七　全漢三國晉南北朝詩全齊詩卷一，頁七五二（世界書局本）。

註　八　參閱梁書卷三十五、新校本南史卷四十二蕭子雲傳。（鼎文書局）。

註　九　文心雕龍卷六通變篇，頁一八（臺灣開明書店范文瀾註本）。

註一〇　第十一編第六章第一節，頁七四九（江蘇教育出版社）。

第五節　文學傳承觀與文學新變說

蕭子顯文學新變說，不僅在南北朝時，是文學趨新邁進的動力，而且即使到了現代，依然合乎追新求變的潮流，因此成爲學者們爭相闡發的文論。大概就因爲這新變說的耀眼奪目，使蕭子顯的文學傳承觀黯然無光，少爲人知。然而缺乏文學傳承觀，蕭子顯文學新變說後，提出的朱藍共妍論，如何能夠成立呢？下文我們將闡述這兩種觀念的相輔相成。

一、文學傳承觀

在南齊書文學傳論中，蕭子顯文學傳承觀的理思，隨著他所談及的多項文論，橫貫文中。以下我們逐一敘述。

其一、當提出文體論時，首先稱「吟詠規範，本之雅什」，也就是文章創作要以文雅的作品爲模範。

詩有六義：風、雅、頌、賦、比、興，「雅」指中原正聲、中國正統。就音樂說，要雅樂；就文學說，要雅言；就人品說，要雅人。論語述而篇說：

子所雅言：詩、書、執禮，皆雅言也。（註一）

「雅」成爲歷代正統文論的典範，蕭子顯提出「吟詠規範，本之雅什」，就是以合乎傳統的雅正爲文章的典範。稍後，當他說明理想詩體時，稱「不雅不俗」，正是爲補救過偏的雅正或通俗，而提出的共濟論。

「本之雅什」之後，蕭子顯列出各種文體，其中除了四言詩，以同時代的魏曹丕和王粲並舉，五言詩單舉漢李陵一家外，其他個體，都頗有傳承意。七言詩並舉漢張衡、魏曹丕二家。賦以「卿、雲巨麗，升堂冠冕」對「張、左恢廓，登高不繼」，顯然認爲東漢張衡、晉左思傳承自西漢司馬相如、揚雄，卻有遠不如之意。頌舉漢傳毅顯宗頌、晉袁宏簡文帝頌，二頌都是頌美帝王，而且袁宏就因羨慕傳毅顯宗頌，辭甚典雅，乃作簡文帝頌（註二）。二者傳承的關係非常明顯。章表舉西晉裴頠、東晉庾亮二家，又稱「子章以來，章表之選」，「子章」可能是魏陳琳孔璋。（註三）由陳琳而裴頠至庾亮，先後薪傳而下。累舉漢蔡邕、晉潘岳、宋顏延之、謝莊、晉孫綽等五家，而稱「孫綽之碑，嗣伯喈之後」、「謝莊之誄，起安仁之塵」、「顏延楊瓚，自比馬督」，孫綽源自蔡邕，謝莊、顏延之源自潘岳，傳承之旨鮮明。滑稽文（諧讔文）舉漢王褒、晉束晳二家，源流可見。

其二、當談及玄言詩的演進時，蕭子顯稱「江左風味，盛道家之言，郭璞舉其靈變，許詢極其名理，仲文玄氣，猶不盡除」，在同一玄理的思辨上，郭璞靈變、許詢名理，沈約云「仲文始革孫、許之風」。（註四）但是玄氣猶不盡除。雖然各求新變，可是薪傳的痕跡仍在。

其三、蕭子顯論及文章三體的源流，第一詩體「此體之源，出靈運而成也」，第二詩體推源至「此則傅咸五經，應璩指事，雖不全似，可以類從」，第三詩體推源至「斯鮑照之遺烈也」。鄧仕樑蕭子顯文論在述及文章三體時說：

又蕭氏於每體試溯其源，鍾嶸「詩品」論詩即用此法，不知道誰受誰的影響，也許這是梁代論文的風氣。蕭氏以史家論文，其注意及於源流影響，原無足怪。歷代史書的文學傳序、文苑傳論之類也頗有留意於文學源流者。從上文所論觀之，蕭氏之溯源，倒是頗爲切實的。（註五）

其四、文學傳贊稱「多識前仁」，此句具有雙重的意旨：一則多認知前人作品中的中心意旨「仁」；二則「仁」雙關「人」，「多識前仁」，就是「多識前人」，多認識以前的作家。不論那一種解釋，

「多識前仁」，都是注重在吸收前人作品的精華，化為文學創作的生養劑。

總覽全文，蕭子顯文學傳承觀的意識相當鮮明。劉勰文心雕龍通變篇說：

暨楚之騷文，矩式周人；漢之賦頌，影寫楚世；魏之策制，顧慕漢風；晉之辭章，瞻望魏采。（註六）

由上可知，與蕭子顯同時代而稍早的劉勰，也有著強烈的文學傳承意識，可以和蕭子顯相參證。

【附註】

註一　論語注疏，頁六二（藝文印書館十三經注疏本）。

註二　新校本見晉書卷九十二袁宏傳，頁二三九八（鼎文書局）。

註三　參閱本章第三節第一項。

註四　新校本宋書卷六十七謝靈運傳論，頁一七七八（鼎文書局）。

註五　香港中文大學中國文化研究所學報第十八期，頁二〇六。

註六　卷六，頁一八（臺灣開明書店范文瀾註本）。

二、文學新變說

自魏晉思想開放以來，清談已擺脫兩漢古、今文學家的師法、家法，追逐標新理、立異義（參閱本章第一節二）。影響及於文論，追新求變，已是時勢所趨。南北朝的文論家們，除了依然保守於傳統，號稱保守派者（註一），如梁裴子野、北周蘇綽、隋李諤等（註二），主張擬古述古外，無論被稱爲折衷派或趨新派—新變派者（註三），都已存有時移文變，不相祖述的思想。下文折衷派舉劉勰、蕭統二家，新變派舉張融、江淹、蕭子顯、蕭綱、蕭繹五家，引述其文論要點於後。

贊曰：文律運周，日新其業。變則其久，通則不乏。趨時必果，乘機無怯。望今制奇，參古定法。（梁劉勰文心雕龍通變篇）（註四）

易曰：「觀乎天文，以察時變；觀乎人文，以化成天下。」文之時義遠矣哉。若夫椎輪爲大輅之始，大輅寍有椎輪之質？增冰爲積水所成，積水曾微增冰之凜；何哉？蓋踵其事而增華，變其本而加厲；物既有之，文亦宜然。隨時變改，難可詳悉。（梁蕭統昭明文選序）（註五）

永明中，遇疾，爲《（門）律自序》曰：「吾文章之體，多爲世人所驚，汝可師耳以心，不可使耳爲心師也。夫文豈有常體，但以有體爲常，政當使常有其體。丈夫當刪《詩書》，制禮樂，何至因循寄人籬下。且中代之文，道體闕變，尺寸相資，彌縫舊物。吾之文章，體亦何異，何嘗顛溫涼而錯寒暑，綜哀樂而橫歌哭哉？政以屬辭多出，比事不羈，不阡不陌，非途非路耳。（南齊書卷四十一張融傳門律自序）

又

臨卒，又戒其子曰：「……吾文體英絕，變而屢奇，既不能遠至漢魏，故無取嗟晉宋。豈吾天挺，蓋不隤家聲。」（南齊書卷四十一張融傳）

夫楚謠漢風。既非一骨。魏製晉造。固亦二體。譬猶藍朱成彩。雜錯之變無窮。宮角爲音。靡曼之態不極。故蛾眉詎同貌而俱動於魄芳草寧共氣而皆悅於魂。不其然歟。……然五言之興。諒非夐古。但關西鄴下。既已罕同。河外江南。頗爲異法。故玄黃經緯之辨。金碧浮沈之殊。僕以爲亦各具美兼善而已。（梁江淹雜體詩序）（註六）

習玩爲理，事久則瀆，在乎文章，彌患凡舊。若無新變，不能代雄。（梁蕭子顯南齊書卷五十二文學傳論）

比見京師文體，懦鈍殊常，競學浮疏，爭爲闡緩。玄冬脩夜，思所不得，既殊比興，正背風騷。若夫六典三禮，所施則有地，吉凶嘉賓，用之則有所。未聞吟詠情性，反擬內則之篇，操筆寫志，更摹酒誥之作。遲遲春日，翻學歸藏，湛湛江水，遂同大傳。吾既拙於爲文，不敢輕有掎摭，但以當世之作，歷方古之才人，遠則楊、馬、曹、王，近則潘、陸、顏、謝、而觀其遣辭用心，了不相似。若以今文爲是，則古文爲非；若昔賢可稱，則今體宜棄；俱爲盍各，則未之敢許。又時有效謝康樂、裴鴻臚文者，亦頗有惑焉。（梁書卷四十九庾肩吾傳蕭綱與湘東王書）（註七）

夫世代亟改，論文之理非一。時事推移，屬詞之體或異。（梁蕭繹內典碑銘集林序）（註八）

縱觀上述文論，我們可以很清楚的了解，蕭子顯的文學新變說之所以能卓出於衆家之上的原由。「彌患凡舊」、「若無新變，不能代雄」，語氣剛毅果決，用詞銳利鮮明，「凡舊」、「新變」、「代雄」，有著一掃朽腐，變生新體，雄霸文壇的大氣象。

南齊書卷五十二陸厥傳稱陸厥「五言詩體甚新變」（註九），蕭子顯運用「新變」一詞，來品評詩歌具有平、上、去、入四聲區別的篇章。其後「新變」、「英變」、「新聲巧變」等語詞，都同樣的被用來賞評這類作品。梁書卷四十九庾肩吾傳稱「齊永明中，文士王融、謝朓、沈約文章始用四聲，以爲新變」。陳書卷二十六徐陵傳稱「其文頗變舊體緝裁巧密，多有新意」。（註一〇）。南史卷三十二張融，傳稱「吾文體英變」（註一一），南史卷十五徐君蒨傳稱「君蒨文冠一時，特有輕豔之才，新聲巧變，人多諷習」（註一二）。

蕭子顯提出新變說後，又敘述自建安至南朱詩體發展的大勢，並證明不相祖述的新變理論，他說：

建安一體，《典論》短長互出；潘、陸齊名，機、岳之文永異。江左風味，盛道家之言，郭璞舉其靈變，許詢極其名理，仲文玄氣，猶不盡除，謝混情新，得名未盛。顏謝竝起，乃各擅奇，休、鮑後出，咸亦標世。朱藍共妍，不相祖述。

建安七子，同一文體，而曹丕典論論文對建安七子的品評，互有優劣，說：

今之文人：魯國孔融文舉，廣陵陳琳孔璋，山陽王粲仲宣，北海徐幹偉長，陳留阮瑀元瑜，汝南應瑒德璉，東平劉楨公幹，斯七子者，於學無所遺，於辭無所假，咸以自騁驥騄於千里。仰齊足而並馳，以此相服，亦良難矣。蓋君子審己以度人，故能免於斯累，乃作論文。王粲長於辭賦，徐幹時有齊氣，然粲之匹也。如粲之初征登樓槐賦征思；幹之玄猿漏卮圓扇橘賦；雖張蔡不過也。然於他文，未能稱是。陳琳阮瑀之章表書記，今之雋也。應瑒和而不壯。劉楨壯而不密。孔融體氣高妙，有過人者，然不能持論，理不勝詞，以至乎雜以嘲戲，及其時有所善，揚班儔也。（註一三）

潘岳、陸機齊名，並稱潘陸，東晉一代文宗孫綽評曰：

潘文淺而淨，陸文深而蕪。（註一四）

由上可見，潘岳的淺淨與陸機的深蕪，眞是了不相似。

其次談及玄言詩的發展，同在玄理的思辨下，郭璞靈變，許詢名理，殷仲文始革孫、許之風（註一五），而玄氣猶不盡除。至晉末謝混情新，大變太元之氣（註一六）；然得名未盛，不成大氣。請參閱第四節二甲山水詩體。

「顏、謝竝起，乃各擅奇」，指謝靈運開山水詩體，顏延之掌事典詩派。「休、鮑後出，咸亦標世」，指湯惠休與鮑照二家。有關謝靈運、顏延之、鮑照，請參閱本章第四節二。

按：湯惠休，籍貫及生卒年不詳。宋書卷七十一徐湛之傳說：

時有沙門釋惠休，善屬文，辭采綺麗，湛之與之甚厚，世祖命使還俗。本姓湯，位至揚州從事史。（註一七）

鍾嶸詩品置湯惠休於下品，稱「齊惠休上人」，評曰：

惠休淫靡，情過其才。世遂匹之鮑照，恐商、周矣。（註一八）

雖然正如鍾嶸所言，湯惠休不如鮑照遠甚，而在仿作民歌及淫豔的風格上，兩人確有相似之處；而且兩人對於唐詩的發展，都有其貢獻。

蕭子顯稱「休、鮑後出，咸亦標世」，是就兩人的共同點而立言的。

最後，蕭子顯提出「朱藍共妍，不相祖述」相反相成的理念。既然不相祖述，何能朱藍共妍？既然古今作家可以朱藍共妍，古影響及今，今薪傳自古，必是難免。

南齊書文學傳論，自「吟詠規範，本之雅什」至「五言之制，獨秀衆品」一節文句，屬文體論。其後，「習玩爲理，事久則瀆」以下，至「朱藍共妍，不相祖述」一節文句，屬新變說。就此可見，一種文體在萌芽、成立、成熟階段，儘管每一作家各有體性，也必須前仆後繼，接棒火傳；因此，蕭子顯稱「吟詠規範，本之雅什」。當發展到極限後，「習玩爲理，事久則瀆」，勢必要新變。在傳承與新變的交替中，代代的作家與作品，才能「朱藍共妍，不相祖述」；這不正是江淹「藍朱成彩，雜錯之變無窮。」、「故玄黃經緯之辨，金碧浮沈之殊。僕以爲亦各具美兼善而已。」的理想嗎？

【附註】

註一　周勛初梁代文論三派將梁代文論分爲以蕭衍及裴子野爲代表的保守派，蕭統及劉勰爲代表的折衷派，蕭綱、蕭繹及蕭子顯爲代表的趨新派（鼎文書局中國中古文學史論七種）。

註　二　參閱裴子野雕蟲論（成文出版社柯慶明、曾永義中國文學批評資料彙編、兩漢魏晉南北朝，頁二七六）、新校本周書卷二十三蘇綽傳，頁三九一、三九二、三九三、三九四、新校本隋書卷六十六李諤傳，頁一五四四、一五四五、一五四六。（國史研究室）

註　三　見註一。

註　四　卷六，頁一八，臺灣開明書店范文瀾註本。

註　五　頁一，文津出版社。

註　六　全漢三國晉南北朝詩全梁詩卷五，頁一〇四二。（世界書局）

註　七　頁六九〇、六九一（鼎文書局）。

註　八　柯慶明、曾永義中國文學批評資料彙編、兩漢魏晉南北朝，頁二四八、二四九（成文出版社）。

註　九　大陸中華書局新編標點本南齊書，以商務印書館影印的宋大字本（百衲本）作底本，陸厥傳作「五言詩體甚新變」，註十六云：「『新變』各本作『新奇』。」（頁九一〇）據查考，百衲本確作「新變」，藝文印書館武英殿本作「新奇」。

註一〇　梁書，頁六九〇（鼎文書局），新校本陳書，頁三三五（國史研究室）。

註一一　新校本南史，頁八三七（鼎文書局）。

註一二　同上，頁四四一。

註一三　同註八，頁一五一。

註一四　世說新語文學門「孫興公云」條下，頁一四四（文史哲出版社）。

註一五　新校本宋書卷六十七謝靈運傳論語，頁一七七八（鼎文書局）。

註一六　同註一五。

註一七　新校本宋書，頁一八四七（鼎文書局）。

註一八　王叔岷鍾嶸詩品箋證稿，頁三二八八（中央研究院中國文哲研究所中國文哲專刊）。

附錄　蕭子顯年譜

齊武帝永明五年丁卯（西曆紀元四八七年）生一歲

永明十年壬申（四九二）六歲

其父豫章文獻王薨。

永明十一年癸酉（四九三）七歲

封寧都縣侯。

齊東昏侯永元三年辛巳（五〇一）十五歲

以王子例拜給事中。

齊和帝中興二年
梁武帝天監元年壬午（五〇二）十六歲

梁興齊亡，降爵爲子。

天監元年壬午（五〇二）至天監十年辛卯（五一一）十六歲至二十五歲

累遷安西外兵、仁威記室參軍、司徒主簿，太尉錄事參軍。

天監五年丙戌（五〇六）二十一歲

次子愷生。按：梁書卷三十五蕭子恪傳附肅子顯傳稱「子愷……太清二年，侯景亂，卒，年四十四」，上推生年爲天監五年。另有長子序，生卒年不詳。

天監六年丁亥（五〇七）至天監九年庚寅（五一〇）二十一歲至二十三歲

撰鴻序賦。

天監六年丁亥（五〇七）至天監十八年己亥（五一九）二十四歲至三十三歲

太子洗馬（按：子顯出任太子洗馬之年歲，無法考証，暫繫於此）爲太子中舍人，建康令。撰後漢書、南齊書。晉史草（按：僅隋書經籍志著錄，無法考其年代暫繫於此。）

天監十六年丁酉（五一七）三十一歲

始預九日朝宴，受帝旨賦詩。詩成，帝曰：「可謂才子」。

普通元年庚子（五二〇）至普通五年甲辰（五二四）三十四歲至三十八歲

出爲邵陵王友，還京師後，撰自序一文。

普通四年癸卯（五二三）三十七歲

始預編輯法寶聯璧。

普通五年甲辰（五二四）至中大通元年己酉（五二九）三十八歲至四十三歲

累遷丹陽尸丞，中書郎，守正宗卿，出爲臨川內史，還除黃門郎。

中大通二年庚戌（五三〇）四十四歲

遷長兼侍中。

中大通三年辛亥（五三一）四十五歲

以侍中領國子博士。

中大通四年壬子（五三二）四十六歲

三月庚午（三月六日）上表請置孝經助教一人，生十人，專通武帝所釋孝經義。撰武帝集，普通北伐記。遷國子祭酒加侍中，於學遞述五經義。

中大通五年癸丑（五三三）四十七歲

二月己未朔甲申日（二月二十六日）武帝行幸同泰寺，設四部道俗無遮大會，武帝升法座，發講金字摩訶波羅密經，子顯陪侍講筵，撰御講摩訶般若經序。

冬十月庚申（十月五日）選爲吏部尙書，侍中如故。

中大通六年甲寅（五三四）至大同二年丙辰（五三六）四十八歲至五十歲

撰伐社文，掌選。

大同三年丁巳（五三七）五十一歲

出爲仁威將軍，吳興太守。卒，享年五十一。贈侍中、中書令，謚日驕。

參考書目

（案筆劃次、序排列）

論著類：

二十二史箚記　清・趙翼撰　世界書局
二十五史述要　楊家駱主編　世界書局
二十史朔閏表　董作賓增補　藝文印書館
人物志　魏・劉劭撰　西涼・劉昞注　世界書局　諸子集成本
十七史商榷　清・王鳴盛撰　大化書局
三國志　晉・陳壽著　劉宋・裴松之注　明倫出版社
山水與古典　林文月著　純文學出版社
才性與玄理　牟宗三著　臺灣學生書局
中古文學史論　王瑤著　長安出版社
中古文學概論等五書：

中古文學概論　徐嘉瑞著
樂府古辭考　陸侃如著
漢大曲管窺　丘瓊蓀著
六朝樂府與民歌　王運熙著
漢魏六朝詩論叢　余冠英著（鼎文書局）
中古學術論略　張蓓蓓著　大安出版社
中國上古中古文化史　陳安仁著　華世出版社
中國大文學史　謝無量編　中州古籍出版社
中國山水詩研究　王國瓔著　聯經出版社事業公司
中國中古文學史等七書：
　中國中古文學史　劉師培撰
　中古文學思想　王瑤撰
　中古文學風貌　王瑤撰
　梁代文論三派述要　周勛初撰
　四聲繹說　夏承燾撰
　四聲五音及其在漢魏六朝文學中之應用　詹鍈撰

再論永明聲病說　郭紹虞撰（鼎文書局）
中國中古詩歌史　王鍾陵著　江蘇教育出版社
中國文化史導論　錢穆著　正中書局
中國文學史　孟瑤編著　大中國圖書公司
中國文學史　金毓黻著　文力印書館
中國文學史　野前直彬主編　連秀華、何寄澎合譯　長安出版社
中國文學史　葉慶炳著　廣文書局
中國文學史　葉慶炳著　臺灣學生書局
中國文學史　鄭振鐸著　明倫出版社
中國文學史初稿　王忠林等著　福記文化圖書有限公司
中國文學批評　方孝岳著　廣城出版社
中國文學批評史　王運熙、顧易生主編　上海古籍出版社
中國文學批評史　郭紹虞著　明倫出版社
中國文學批評史　劉大杰著　文匯堂印
中國文學批評史　羅根澤著　學海出版社
中國文學批評史大綱　朱東潤著　臺灣開明書局

中國文學批評通論　傅庚生著　華正書局
中國文學批評資料彙編　曾永義、柯慶明編輯　國立編譯館主編　成文出版社
中國文學研究　梁啓超等著　明倫出版社
中國文學流變史　李日剛著　聯貫出版社
中國文學發展史增訂本　劉大杰著　華正書局
中國文學發達史　劉大杰著　臺灣中華書局
中國文學論叢　林文月著　大安出版社
中國古代史研究　陳連慶著　吉林文史出版社
中國史要略　黃大受著　大中國圖書公司
中國年曆簡譜　董作賓撰　藝文印書館
中國佛教史　蔣維喬著　國史研究室
中國俗文學史　西諦原著　明倫出版社
中國前期文化——心理研究　王鍾陵著　重慶出版社
中國哲學史　馮友蘭著　臺灣商務印書館
中國政治思想史　陳安仁著　臺灣商務印書館
中國哲學史　勞思光著　崇基書局

中國哲學史綱要　范壽康編著　臺灣開明書店
中國通史　傅樂成主編　鄒紀萬著　衆文圖書股份有限公司
中國經學史論文選集　林慶彰編　文史哲出版社
中國經學發展史論上　李威熊著　文史哲出版社
中國詩史　陸侃如、洪沅君合著　明倫出版社
中國詩歌史　張松如主編　鍾優民撰寫　吉林大學出版社
中國詩學體系論　陳良運著　中國社會科學出版社
中國學術思想變遷之大勢　梁啓超著　臺灣中華書局
中國歷代文論選　郭紹虞編　木鐸出版社
韻文史　澤田總清原著　王鶴儀編譯　臺灣商務印書館
今存南北朝經學遺籍考　簡博賢著　黎明文化事業公司
六朝史　張承宗、田澤濱、何榮昌主編　江蘇古籍出版社
六朝文學論文集　日清水凱夫著　韓基國譯　重慶出版社
六朝事跡編類　宋·張敦頤、明·吳琯編校　廣文書局
六朝的城市與社會　劉淑芬著　臺灣學生書局
六朝詩論　洪順隆撰　文津出版社

天師道　郭樹森主編　上海社會科學院出版社
文心雕龍注　梁・劉勰著　范文瀾注　臺灣開明書局
文心雕龍研究　王更生著　文史哲出版社
文心雕龍校釋　梁・劉勰著　劉永濟校釋　華正書局
文心雕龍讀本　梁・劉勰著　王更生注釋　文史哲出版社
文章辨體序說　明・吳訥　長安出版社
文論講疏　許文雨編著　正中書局
文學概論　王夢鷗著　帕米爾書局
文學論　韋勒克、華倫著　王夢鷗、許國衡譯　志文出版社
文選　梁・蕭統編　唐・李善注　文津出版社
（六臣註）文選　梁・蕭統著　廣文書局
文鏡秘府論　日本沙門遍照撰　蘭臺書局
文體明辨序說　明・徐師曾　長安出版社
毛詩正義　漢・毛公傳　鄭玄箋　唐・孔穎達等正義　藝文印書館　十三經注疏本
王弼集校釋　樓宇烈校釋　華正書局
世說新語校箋　南朝宋・劉義慶著　徐震堮注　文史哲出版社

世說新語校箋　南朝宋・劉義慶著　楊勇箋　明倫出版社
四庫提要辨證　余嘉錫撰　藝文印書館
四庫全書總目提要　清・永瑢等編著　藝文印書館
四庫全書總目提要補正　胡玉縉編著　木鐸出版社
四庫全書簡明目錄　清・永瑢等著　洪氏出版社
（新校）史記三家注　漢司馬遷撰會合三家注　世界書局
史通通釋　唐・劉知幾著　世界書局
永明文學研究　劉躍進著　文津出版社
玉台新詠　陳・徐陵編　清・吳兆宜注　中州古籍出版社
玉台新詠箋注　陳・徐陵編　清・吳兆宜注　程琰刪補　穆克宏點校　明文書局
由隱逸到宮體　洪順隆著　文史哲出版社
白話文學史　胡適著　文光圖書公司
先秦兩漢文學批評史　顧易生、蔣凡著　上海古籍出版社
先秦漢魏晉南北朝詩　逯欽立輯校　木鐸出版社
先秦儒學　錢遜著　遼寧教育出版社
全上古三代秦漢三國六朝文　清・嚴可均輯　世界書局

全漢三國晉南北朝詩　清・嚴可均輯　世界書局
老子道德經注　先秦・李耳著　晉・王弼注　世界書局　諸子集成本
（新校本）宋史并附編三種　元・托托等著　鼎文書局
宋沈休文先生約年譜　日鈴木虎雄著　王雲五主編　馬導源編譯　臺灣商務印書館
（新校本）宋書附索引　梁・沈約撰　鼎文書局
沈約及其學術研究　姚振黎著　文史哲出版社
兩晉南北朝史　呂思勉著　臺灣開明書店
兩晉南朝的士族　蘇紹興著　聯經出版事業公司
兩晉南朝政治史稿　陳長琦著　河南大學出版社
周易正義　魏・王弼、晉・韓康伯注　唐・孔穎達等正義　藝文印書館　十三經注疏本
周書　唐令狐德棻撰　國史研究室
孟子注疏　漢趙岐注　宋孫奭疏　藝文印書館　十三經注疏本
抱朴子　晉・葛洪著　清・孫星衍校正　世界書局　諸子集成本
東晉南北朝學術編年　劉汝霖編　長安出版社
直齋書錄解題　宋陳振孫著　廣文書局
南北朝文學史　曹道衡、沈玉成編著　中國社會科學院文學研究所總纂　人民文學出版社

南北朝著譯書四種語法研究　詹秀惠著　國立臺灣大學中國文學研究所博士論文
（新校本）南史附索引　唐李延壽著　鼎文書局
南朝詩研究　王次澄著　私立東吳大學中國學術著作獎助委員會
南朝顏謝詩研究　陳美足著　文津出版社
南齊書（百衲本）　梁・蕭子顯撰　臺灣商務印書館
南齊書（武英殿版本）　梁・蕭子顯撰　藝文印書館
（新校本）南齊書　梁・蕭子顯撰　大陸中華書局
（新校本）南齊書　梁・蕭子顯撰　國史研究室
後漢書　宋・范曄傳　唐・李賢等注　明倫出版社
春秋左傳今註今譯　李宗侗註釋　臺灣商務印書館
春秋左傳正義　晉・杜預注　唐・孔穎達等正義　藝文印書館　十三經注疏本
唐宋詩舉要　高步瀛著　藝文印書館
（新校本）晉書并附編六種　唐太宗御撰　鼎文書局
郡齋讀書志　宋・晁公武撰　廣文書局
國史大綱　錢穆著　臺灣商務印書館
崇文總目　王堯臣等編次　錢東垣輯釋　臺灣商務印書館

梁書　唐・姚思廉撰　鼎文書局
郭象與魏晉玄學　湯一介著　谷風出版社
陳書　唐・姚思廉撰　國史研究室
曾鞏集　宋・曾鞏著　陳杏珍、晁繼周點校　北平中華書局
越縵堂讀書記　清・李慈銘著　世界書局
隋唐五代文學思想史　羅宗強著　上海古籍出版社
隋書　唐・魏徵著　國史研究室
經學五變記　廖平著　黃鎔箋　長安出版社
經學通論　皮錫瑞著　臺灣商務印書館
經學歷史　皮錫瑞著　藝文印書館
僞書通考　張心澂著　明倫出版社
漢代天人合一思想研究　林麗雪著　國立臺灣大學中國文學研究所碩士論文
漢書　漢班固著　明倫出版社
漢魏六朝小說史　侯忠義著　春風文藝出版社
漢魏六朝文學　陳鐘凡著　臺灣商務印書館
漢魏六朝百三名家集　明・張溥輯　文津出版社

漢魏六朝樂府文學史　蕭滌非　長安出版社
漢魏兩晉南北朝佛教史　湯錫予撰　國史研究所
說詩晬語詮評　清・沈德潛著　蘇文擢詮評　文史哲出版社
齊梁詩探微　盧清青著　文史哲出版社
廣弘明集　唐釋道宣集　臺灣中華書局
樂府詩集　宋郭茂倩編撰　里仁書局
歷代通鑑輯覽　傅恆等監修、龔德柏斷句　臺灣商務印書館
蕭統兄弟的文學集團　劉漢初著　國立臺灣大學中國文學研究所碩士論文
謝靈運及其詩　林文月撰　國立臺灣大學文史叢刊
鍾嶸詩品箋證稿　梁・鍾嶸著　王叔岷箋證　中央研究院中國文哲研究所中國文哲專刊
禮記正義　漢・鄭玄著　唐・孔穎達等正義　藝文印書館　十三經注疏本
（新校本）舊唐書附索引　後晉・劉昫等著　鼎文書局
韓非子集解　先秦・韓非著　清・王先愼集解　世界書局　諸子集成本
顏氏家訓注　北齊・顏之推撰　清・趙曦明注　藝文印書館
魏晉玄學和文學　孔繁著　中國社會科學出版社
魏晉玄學探微　趙書廉著　河南人民出版社

魏晉南北朝文化史　萬繩楠著　黃山書社
魏晉南北朝文學思想史　張仁青著　文史哲出版社
魏晉南北朝文學批評史　王運熙、楊明著　上海古籍出版社
魏晉南北朝文學參考資料　北京大學中國文學史教研究　中華書局香港分局
魏晉南北朝史　林瑞翰著　國立編譯館主編　五南圖書出版公司
魏晉南北朝史　勞榦著　中國文化大學出版部
魏晉南北朝史　鄒紀萬著　衆文圖書股份有限公司
魏晉南北朝史論叢續編　唐長孺著　帛書出版社
魏晉南北朝研究論集　鄺士元著　文史哲出版社
魏晉南北朝時期的道教　湯一介著　東大圖書公司
魏晉南北朝賦史　程章燦著　江蘇古籍出版社
魏晉神仙道教　胡孚琛著　臺灣商務印書館
魏晉思想與談風　何啓民著　臺灣學生書局
魏晉風氣與六朝文學　朱義雲著　文史哲出版社
魏晉清談主題之研究　林麗貞撰　國立臺灣大學中國文學研究所博士論文
魏書附西魏書　北齊・魏收著　鼎文書局

藏園群書題記　傅增湘撰　上海古籍出版社

期刊類：

六朝的時代特徵與文化發展　莊輝明著　華東師範大學學報哲學社會科學版　一九九一年第六期
南齊書本紀校注　梁・蕭子顯撰　昌江、王永誠校注　國立臺灣師範大學國文研究所集刊第十五集　一九七一年六月
宮體詩評價問題　楊明著　復旦學報社科版　一九八八年五月
略論魏晉南北朝文人詩歌的發展線索與規律　胡大雷著　廣西師範大學學報哲社版　一九八八年三月
齊梁詩歌研究　閻采平著　文學遺產　一九九二年第二期
論宮體詩　周曉琳著　四川師範學院學報哲社版　一九八九年二月
論宮體詩的審美意識新變　曹旭著　文學遺產（京）　一九八八年六月
蕭子顯的文論　鄧仕樑著　香港中文大學中國文化研究所學報十八期